Writer name – Mohammed Arquam

Email – mohammedarquam32@gmail.com

INTRODUCTION

This book aims to provide a comprehensive understanding of the Persian script by providing Roman transliterations and English translations of Persian paragraphs.

Paragraph 1: A Day in Tehran

Persian:

امروز جمعه است و هوا آفتابی است. من صبح زود از خواب
بیدار شدم. اول صبحانه خوردم: نان، پنیر، و چای. بعد با دوستم،
نیما، به پارک رفتیم. در پارک مردم زیادی ورزش میکردند. ما
کمی پیادهروی کردیم و صحبت کردیم. بعد از پارک، به یک
کافهی کوچک رفتیم. من قهوه سفارش دادم و نیما آب پرتقال
خورد. ساعت یازده به خانه برگشتم. مادرم در حال پختن
قورمهسبزی بود. من به او کمک کردم و سبزیها را خرد کردم.
بعد از ناهار، کمی استراحت کردم. عصر به کتابخانه رفتم و یک
کتاب تاریخی گرفتم. شب با خانواده فیلم تماشا کردیم و خندیدیم.
ساعت ده شب به رختخواب رفتم.

Romanization:

*Emruz Jom'e ast va havâ âftâbi ast. Man
sobh-e zud az khâb bidâr shodam. Avval
sobhâne khordam: nân, panir, va châi. Ba'd bâ
doostam, Nimâ, be pârk raftim. Dar pârk
mardom-e ziâdi varzesh mikardand. Mâ kami
piâde-ravyi kardim va sohbat kardim. Ba'd az
pârk, be yek kâfe-ye kuchek raftim. Man
ghahve sefâresh dâdam va Nimâ âb-e porteqâl
khord. Sâ'at-e yâzdah be khâne bargashtam.
Mâdaram dar hâl-e pokhtan-e qormeh-sabzi
bud. Man be ou komak kardam va sabzi-hâ râ
khard kardam. Ba'd az nâhâr, kami esterâhat
kardim. Asr be ketâbkhâne raftam va yek
ketâb-e târikhi gereftam. Shab bâ khânevâde*

*film tamâshâ kardim va khandidim. Sâ'at-e
dah-e shab be khabgâh raftam.*

Translation:
 *Today is Friday, and the weather is sunny. I
woke up early in the morning. First, I ate
breakfast: bread, cheese, and tea. Then, I went
to the park with my friend Nima. In the park,
many people were exercising. We walked a
little and talked. After the park, we went to a
small café. I ordered coffee, and Nima drank
orange juice. At 11 o'clock, I returned home.
My mother was cooking qormeh sabzi. I helped
her and chopped the herbs. After lunch, I
rested a bit. In the afternoon, I went to the
library and borrowed a history book. At night,
we watched a movie with my family and
laughed. I went to bed at 10 p.m.*

Paragraph 2: A Trip to Isfahan

Persian:

هفتهی گذشته به اصفهان سفر کردم. اصفهان شهری زیبا با تاریخ غنی است. من با قطار به آنجا رفتم. در ایستگاه، دوستم امیر به استقبالم آمد. اول به میدان نقش جهان رفتیم. آنجا عکسهای زیادی گرفتیم. بعد به مسجد شیخ لطفالله رفتیم. گنبد آن مسجد خیلی خیرهکننده بود. برای ناهار، بریانی اصفهانی خوردیم که خوشمزه بود. بعدازظهر به پل خواجو رفتیم و قایقسواری کردیم. شب در یک هتل قدیمی نزدیک زایندهرود ماندیم. فردا صبح به بازار بزرگ اصفهان رفتیم. من سوغاتیهایی مثل گز و میناکاری خریدم. بعد از ظهر به خانه برگشتیم. سفر کوتاه اما فراموشنشدنی بود.

Romanization:

Hafte-ye gozashte be Esfahân safar kardam. Esfahân shahri-ye zibâ bâ târikh-e qeyni ast. Man bâ qatâr be ânjâ raftam. Dar istgâh, doostam Amir be esteqbâlam âmad. Avval be Meydân-e Naghsh-e Jahân raftim. Ânjâ aks-hâ-ye ziâdi gereftim. Ba'd be Masjed-e Sheikh Lotfollâh raftim. Gonbad-e ân masjed kheyli khire-konande bud. Barâye nâhâr, beriyâni-ye Esfahâni khordim ke khoshmaze bud. Ba'd az zohr be Pol-e Khâju raftim va qâyeq-savâri kardim. Shab dar yek hotel-e qadimi nazdik-e Zâyandeh-Rud mândim. Fardâ sobh be bâzâr-e bozorg-e Esfahân raftim. Man suvenir-hâyi mesl-e gaz va minâkâri kharidam.

Ba'd az zohr be khâne bargashtim. Safar kutâh ammâ farâmusheshnedani bud.

Translation:
Last week, I traveled to Isfahan. Isfahan is a beautiful city with a rich history. I went there by train. At the station, my friend Amir came to greet me. First, we went to Naqsh-e Jahan Square. We took many photos there. Then, we visited Sheikh Lotfollah Mosque. The dome of that mosque was very stunning. For lunch, we ate Isfahani biryani, which was delicious. In the afternoon, we went to Khaju Bridge and rode a boat. We stayed overnight at an old hotel near Zayandeh River. The next morning, we went to the Grand Bazaar of Isfahan. I bought souvenirs like gaz (nougat) and minakari (enamelware). In the afternoon, we returned home. It was a short but unforgettable trip.

Paragraph 3: At the University

Persian:

من دانشجوی رشتهی ادبیات فارسی هستم. کلاسها ساعت هشت صبح شروع میشوند. امروز کلاس تاریخ ادبیات داشتیم. استاد دربارهی فردوسی و شاهنامه صحبت کرد. بعد از کلاس، با دوستانم به کافهی دانشگاه رفتیم. آنجا قهوه نوشیدیم و تکالیفمان را بررسی کردیم. ساعت دو بعدازظهر، جلسهی گروهی برای پروژهی پایانترم داشتیم. ما باید یک تحقیق دربارهی حافظ مینوشتیم. بعد از جلسه، به کتابخانه رفتم و چند کتاب قرض گرفتم. عصر به سالن ورزش دانشگاه رفتم و والیبال بازی کردم. شب هنگام برگشتن به خانه، باران شدیدی شروع به باریدن کرد. خیس شدم اما روز پرباری بود. فردا امتحان دارم، بنابراین باید درس بخوانم. امیدوارم نمرهی خوبی بگیرم.

Romanization:

Man dâneshju-ye reshte-ye adabiyât-e Fârsi hastam. Kelâshâ sâ'at-e hasht-e sobh shoru' mishavand. Emruz kelâs-e târikh-e adabiyât dâshtim. Ostâd darbâre-ye Ferdowsi va Shâhnâme sohbat kard. Ba'd az kelâs, bâ dustânam be kâfe-ye dâneshgâh raftim. Ânjâ ghahve noshidim va takâlif-mân râ barresi kardim. Sâ'at-e do ba'd az zohr, jalse-ye goruhi barâye proje-ye pâyân-term dâshtim. Mâ bâyad yek tahqiq darbâre-ye Hâfez mineveshtim. Ba'd az jalse, be ketâbkhâne raftam va chand ketâb qarz gereftam. Asr be sâlon-e varzesh-e dâneshgâh raftam va vâlibâl bâzi kardam. Shab hengâm-e bargashtan be khâne, bârân-e shadidi shoru' be bâridan kard. Khis shodam ammâ ruz-e porbâri bud. Fardâ emtehân dâram, banâbar-in bâyad dars bekhwânam. Omidvâram nomre-ye khubi begiram.

Translation:

I am a student of Persian literature. Classes start at 8 a.m. Today, we had a class on literary history. The professor talked about Ferdowsi and the Shahnameh. After class, my friends and I went to the university café. There, we drank coffee and reviewed our assignments. At 2 p.m., we had a group meeting for our end-of-term project. We had to write a research paper about Hafez. After the meeting, I went to the library and borrowed some books. In the evening, I went to the university gym and played volleyball. On my way home at night, it started raining heavily. I got soaked, but it was a productive day. I have an exam tomorrow, so I need to study. I hope to get a good grade.

Paragraph 4: A Family Gathering

Persian:

دیروز مهمانی بزرگ خانوادگی داشتیم. همهی فامیل به خانهی ما آمدند. مادرم و خالهام غذاهای زیادی پختند: قورمهسبزی، کباب، و سالاد شیرازی. پدرم و داییام دربارهی فوتبال صحبت میکردند. بچهها در حیاط بازی میکردند و میخندیدند. بعد از غذا، داییام داستانهای قدیمی تعریف کرد. ما همه به حرفهایش گوش دادیم و خندیدیم. عصر، چای و شیرینی خوردیم و موسیقی سنتی گوش کردیم. دخترخالهام ساز تنبک مینواخت و همه دست میزدند. نزدیک غروب، عکسهای دستهجمعی گرفتیم. وقتی مهمانها رفتند، به مادرم کمک کردم ظرفها را بشویم. خسته بودم اما خیلی خوشحال بودم. خانواده بهترین موهبت زندگی است.

Romanization:

Diruz mehmâni-ye bozorg-e khânevâdegi dâshtim. Hame-ye fâmil be khâne-ye mâ âmadand. Mâdaram va khâleh-am ghazâ-hâ-ye ziâdi pokhtand: qormeh-sabzi, kabâb, va sâlâd-e Shirâzi. Pedaram va dâyi-am darbâre-ye futbol sohbat mikardand. Bache-hâ dar hayât bâzi mikardand va mikhandidand. Ba'd az ghazâ, dâyi-am dâstân-hâ-ye qadimi ta'rif kard. Mâ hame be harfâ-ash guosh dâdim va khandidim. Asr, châi va shirini khordim va musiqi-ye sonnati guosh kardim.Dokhtar-khâleh-am sâz-e tonbak minavâkht va hame dast mizadand. Nazdik-e ghorub, aks-hâ-ye daste-jam'i gereftim. Vaghti mehmân-hâ raftand, be mâdaram komak

*kardam zarf-hâ râ beshuyim. Khaste budam
ammâ kheyli khoshhâl budam. Khânevâde
behtarin movhebat-e zendegi ast.*

Translation:
 Yesterday, we had a big family gathering. All
the relatives came to our house. My mom and
aunt cooked many dishes: qormeh sabzi,
kabab, and Shirazi salad. My dad and uncle
talked about soccer. The kids played in the
yard and laughed. After the meal, my uncle told
old stories. We all listened to him and laughed.
In the afternoon, we drank tea, ate sweets, and
listened to traditional music. My cousin played
the tonbak (drum), and everyone clapped.
Near sunset, we took group photos. When the
guests left, I helped my mom wash the dishes.
I was tired but very happy. Family is the
greatest blessing in life.

دل به دل راه دارد، این سخن را بشنو

در دل شب، روشنی از نور خداست

به عشق و امید، هر روز شروع کن

راهی که می‌روی، پر از زیباست

Roman Transliteration:
Del be del raah daarad, in sokhan raa beshno
Dar del shab, roshani az noor-e Khodaaast
Be eshgh o omid, har rooz shoroo' kon
Raahi ke mirovi, por az zibaast

English Translation:
The heart connects to heart, listen to this truth
In the heart of the night, there's the light of God
With love and hope, begin every new day
The path you walk is full of beauty.

Poet: Hafez

Paragraph 5: A Visit to the Doctor

Persian:

هفتهی پیش سرماخوردگی شدیدی گرفتم. سرفه میکردم و تب
داشتم. مادرم گفت باید به دکتر بروم. مطب دکتر نزدیک خانهی ما
است. دکتر معاینهام کرد و گفت گلویم عفونت کرده است. برای من
آنتیبیوتیک و شربت سینه تجویز کرد. بعد از داروخانه، داروها را
خریدم. سه روز استراحت کردم و قرصها را مرتب خوردم. مادرم
سوپ مرغ درست کرد تا قوی شوم. حالا بهتر هستم اما هنوز کمی
سرفه میکنم. دکتر گفت باید بیشتر آب بنوشم و میوه بخورم.
امیدوارم هفتهی آینده کاملا خوب شوم. سلامت بزرگترین نعمت
است.

Romanization:

*Hafte-ye pish sarmâkhordegi-ye shadidi gereftam.
Sorfe mikardam va tab dâshtam. Mâdaram goft
bâyad be doktor beravam. Matab-e doktor nazdik-e
khâne-ye mâ ast. Doktor moâyene-am kard va goft
galuyam infekte karde ast. Barâye man antibiotik va
sharabet-e sine tajviz kard. Ba'd az dârukhâne,
dâru-hâ râ kharidam. Se ruz esterâhat kardam va
ghorsehâ râ morattab khordam. Mâdaram sup-e
morgh dorost kard tâ qavi shavam. Hâlâ behtar
hastam ammâ hanuz kami sorfe mikonam. Doktor
goft bâyad bishtar âb benusham va mive bekhoram.
Omidvâram hafte-ye âyande kamelan khub shavam.
Salâmat bozorgtarin ne'mat ast.*

Translation:

Last week, I caught a bad cold. I was coughing and

had a fever. My mom said I should go to the doctor. The clinic is near our house. The doctor examined me and said my throat was infected. He prescribed antibiotics and cough syrup for me. After the pharmacy, I bought the medicines. I rested for three days and took the pills regularly. My mom made chicken soup to help me recover. Now I feel better, but I still cough a little. The doctor said I should drink more water and eat fruits. I hope to be completely well by next week. Health is the greatest blessing.

Paragraph 6: A Weekend Picnic

Persian:

امروز با خانواده به پیکنیک رفتیم. صبح زود سبد غذا و پتو را آماده کردیم. مادرم ساندویچ، میوه، و آبمیوه درست کرده بود. پدرم ماشین را به سمت جنگل راند. هوا خنک و آسمان آبی بود. در جنگل، مکانی نزدیک رودخانه پیدا کردیم. من و برادرم شروع به بازی فوتبال کردیم. مادرم و خواهرم پتو را پهن کردند و غذا را چیدند. بعد از غذا، پدرم داستانهای خنده‌دار تعریف کرد. ما همه از شنیدن آنها خندیدیم. بعد، به پیاده‌روی در جنگل رفتیم و از گلهای رنگارنگ عکس گرفتیم. نزدیک غروب، آتش روشن کردیم و مارشملو کباب کردیم. ستاره‌ها در آسمان شب میدرخشیدند. ساعت نه شب به خانه برگشتیم. خسته اما خوشحال بودیم. پیکنیک روزی عالی بود!

Romanization:

Emruz bâ khânevâde be piknik raftim. Sobh-e zud sabad-e ghazâ va pato râ âmâde kardim. Mâdaram sândevich, mive, va âbmive dorost karde bud. Pedaram mâshin râ be samt-e jangal rând. Havâ khonak va âsemân âbi bud. Dar jangal, makâni nazdik-e rudkhâne peidâ kardim. Man va barâdaram shoru' be bâzi-e futbol kardim. Mâdaram va khâharam pato râ pahn kardand va ghazâ râ chidand. Ba'd az ghazâ, pedaram dâstân-hâ-ye khandedâr ta'rif kard. Mâ hame az shenidân-e ânhâ khandidim. Ba'd, be piâde-ravyi dar jangal raftim va az gol-hâ-ye rangârang aks gereftim. Nazdik-e ghorub, âtash rowshan kardim va mârshmelo kabâb kardim. Setâre-hâ dar âsemân-e shab midarakhshidand. Sâ'at-e noh-e shab be khâne bargashtim. Khaste ammâ khoshhâl budim. Piknik ruzi-ye âli bud!

Translation:

Today, my family and I went on a picnic. We prepared the food basket and blanket early in the morning. My mom had made sandwiches, fruits, and juice. My dad drove the car toward the forest. The weather was cool, and the sky was blue. In the forest, we found a spot near the river. My brother and I started playing soccer. My mom and sister spread the blanket and set out the food. After eating, my dad told funny stories. We all laughed listening to them. Later, we walked in the forest and took photos of colorful flowers. Near sunset, we lit a fire and roasted marshmallows. Stars twinkled in the night sky. We returned home at 9 p.m. We were tired but happy. The picnic was a perfect day!

Paragraph 7: Shopping at the Bazaar

Persian:

دیروز با مادرم به بازار محلی رفتیم. بازار شلوغ و پر از فروشنده‌های پرانرژی بود. اول به غرفهی میوه و سبزیجات رفتیم. مادرم گوجهفرنگی، خیار، و سیبزمینی خرید. بعد به بخش لبنیات رفتیم و پنیر و ماست گرفتیم. من یک بستنی خامهای خوشمزه خریدم. سپس به مغازهی خشکبار رفتیم و پسته و کشمش خریدیم. فروشنده به ما کمی نقل هم هدیه داد. بعدازظهر، به یک مغازهی پارچهفروشی سر زدیم. مادرم پارچهای زیبا برای دوختن لباس انتخاب کرد. من هم یک روسری ابریشمی خریدم. در راه برگشت، به یک نانوایی رفتیم و نان تازه خریدیم. وقتی به خانه رسیدیم، همهچیز را در یخچال گذاشتیم. خرید کردن با مادرم همیشه لذتبخش است.

Romanization:

 Diruz bâ mâdaram be bâzâr-e mahalli raftim. Bâzâr sholugh va por az forushande-hâ-ye por-enerzhi bud. Avval be gharfe-ye mive va sabzijât raftim. Mâdaram goje-farangi, khiyâr, va sib-zamini kharid. Ba'd be bakhsh-e labaniyât raftim va panir va mâst gereftim. Man yek bastani-ye khâmei khoshmaze kharidam. Sepas be maghâze-ye khoshkbâr raftim va pesto va keshmesh kharidim. Forushande be mâ kami noql ham hedive dâd. Ba'd az zohr, be yek maghâze-ye pârche-forushi sar zadim. Mâdaram pârche-ye zibâ barâye dokhtan-e lebâs entekhâb kard. Man ham yek roosari-ye abrishami kharidam. Dar râh-e bargasht, be yek nânvâyi raftim va nân-e tâze

*kharidim. Vaghti be khâne residim, hame-chiz râ
dar yakhchâl gozâshtim. Kharid kardan bâ
mâdaram hamishe lezzatbakhsh ast.*

Translation:
 *Yesterday, I went to the local bazaar with my mom.
The bazaar was*

*crowded and full of energetic vendors. First, we
went to the fruit and vegetable stall. My mom
bought tomatoes, cucumbers, and potatoes. Then,
we went to the dairy section and got cheese and
yogurt. I bought a delicious cream ice cream. Next,
we visited a dried fruit shop and bought pistachios
and raisins. The seller gifted us some sweets too. In
the afternoon, we stopped by a fabric store. My
mom chose a beautiful fabric to sew a dress. I also
bought a silk scarf. On the way back, we went to a
bakery and bought fresh bread. When we got home,
we put everything in the fridge. Shopping with my
mom is always enjoyable.*

Paragraph 8: A School Project

Persian:

این هفته پروژهی علمی دربارهی انرژی خورشیدی دارم. من و دوستم رضا با هم گروه شدیم. اول به کتابخانه رفتیم و کتابهای مرتبط را مطالعه کردیم. سپس در اینترنت مقالههای علمی جستجو کردیم. رضا نموداری دربارهی تبدیل نور خورشید به برق کشید. من ماکت یک پنل خورشیدی با مقوا ساختم. معلممان گفت باید آزمایشی هم انجام دهیم. ما یک پنل کوچک خریدیم و آن را در آفتاب گذاشتیم. بعد از دو ساعت، لامپ کوچکی با آن روشن شد. نتیجهی آزمایش موفقیتآمیز بود! روز ارائهی پروژه، جلوی کلاس توضیح دادیم. همهی دانشآموزان سوالهای جالبی پرسیدند. معلم به ما نمرهی عالی داد. از این پروژه چیزهای زیادی یاد گرفتم.

Romanization:

In hafte proje-ye elmi darbâre-ye energiy-e khorshidi dâram. Man va doostam Rezâ bâ ham goruh shodim. Avval be ketâbkhâne raftim va ketâb-hâ-ye mortabet râ motâle'e kardim. Sepas dar internet maqâle-hâ-ye elmi jostoju kardim. Rezâ nemudâri darbâre-ye tabdil-e nur-e khorshid be barq keshid. Man mâket-e yek panel-e khorshidi bâ moqavvâ sâkhtam. Mo'allem-e mân goft bâyad âzmâyeshi ham anjâm dahim. Mâ yek panel-e kuchek kharidim va ân râ dar âftâb gozâshtim. Ba'd az do sâ'at, lâmp-e kucheki bâ ân rowshan shod. Natije-ye âzmâyesh movaffaqiyat-âmiz bud! Ruz-e erâ'e-ye proje, jelow-e kelâs tozih dâdim. Hame-ye dânesh-âmuzân soal-hâ-ye jâlebi porsidand.

*Mo'allem be mâ nomre-ye âli dâd. Az in proje
chiz-hâ-ye ziâdi yâd gereftam.*

Translation:
*This week, I have a science project about solar
energy. My friend Reza and I formed a group. First,
we went to the library and studied related books.
Then, we searched for scientific articles online.
Reza drew a diagram about converting sunlight into
electricity. I built a model of a solar panel with
cardboard. Our teacher said we should also
conduct an experiment. We bought a small panel
and placed it in the sun. After two hours, a small
lamp lit up with it. The experiment's result was
successful! On the presentation day, we explained it
in front of the class. All the students asked
interesting questions. The teacher gave us an
excellent grade. I learned a lot from this project.*

Paragraph 9: Celebrating Nowruz

Persian:

نوروز بهترین عید ایرانیها است. ما دو هفته قبل از عید خانهتکانی میکنیم. مادرم فرشها را میشوید و من پنجرهها را تمیز میکنم. سفرهی هفتسین را با سمنو، سیب، و سکه میچینیم. شب عید، خانوادهی بزرگ دور هم جمع میشویم. پدربزرگ برایم عیدی میدهد و من خوشحال میشوم. روز اول عید به دیدن فامیل میروند. ما شیرینی و آجیل به هم هدیه میدهیم. در پارک، مردم سبزههایشان را به آب میاندازند. من و دوستانم به کوه رفتیم و از طبیعت لذت بردیم. شبها آتشبازی میکنیم و ترقهها را روشن میکنیم. نوروز برای من یعنی آغاز بهاری پر از شادی.

Romanization:

Nowruz behtarin eyd-e Irâni-hâ ast. Mâ do hafte qabl az eyd khâne-takâni mikonim. Mâdaram farsh-hâ râ mishuyad va man panjere-hâ râ tamiz mikonam. Sofre-ye Haft-Sin râ bâ samanu, sib, va sekke michinim. Shab-e eyd, khânevâde-ye bozorg dur-e ham jam' mishavim. Pedar-bozorg barâyam eydi midahad va man khoshhâl mishavam. Ruz-e aval-e eyd be didan-e fâmil miravim. Mâ shirini va ajil be ham hedive midahim. Dar pârk, mardom sabze-hâ-ye-shân râ be âb miandâzand. Man va dustânam be kuh raftim va az tabi'at lezzat bordim. Shab-hâ âtashbâzi mikonim va toraqe-hâ râ rowshan mikonim. Nowruz barâye man yâni âghâz-e bahâri-ye por az shâdi.

Translation:

Nowruz is the best Iranian holiday. We clean the house two weeks before the holiday. My mom washes the carpets, and I clean the windows. We set the Haft-Sin table with samanu, apples, and coins. On New Year's Eve, the extended family gathers together. My grandfather gives me money, and I get happy. On the first day of Nowruz, we visit relatives. We gift sweets and nuts to each other. In the park, people throw their sprouts into water. My friends and I went to the mountains and enjoyed nature. At night, we set off fireworks and firecrackers. Nowruz, to me, means the start of a joyful spring.

Paragraph 10: Learning to Cook

Persian:

دیروز تصمیم گرفتم به مادرم در آشپزی کمک کنم. او گفت امروز قورمهسبزی میپزیم. اول سبزیها را شستیم و خرد کردیم. سپس پیاز را سرخ کردیم و گوشت را اضافه نمودیم. بعد لوبیا قرمز و سبزیهای خردشده را به قابلمه افزودیم. مادرم گفت باید آرامپز شود تا جا بیفتد. من هم زردچوبه و نمک را انداز هگیری کردم. بوی خوش غذا کل خانه را پر کرد. بعد از سه ساعت، غذای آماده شد. برای چشیدن آن کمی نان برداشتم و خوردم. خوشمز هتر از همیشه بود! مادرم گفت: «تو استعداد داری!» این تجربه به من اعتمادبهنفس داد. حالا میخواهم هفتهای یک بار غذا بپزم.

Romanization:

Diruz tasmim gereftam be mâdaram dar âshpazi komak konam. Ou goft emruz qormeh-sabzi mipazim. Avval sabzi-hâ râ shostim va khard kardim. Sepas piyâz râ sorkh kardim va gosht râ ezâfe nemudim. Ba'd lubiyâ ghermez va sabzi-hâ-ye khard-shode râ be qâblame afzudim. Mâdaram goft bâyad ârâm-paz shavad tâ jâ bioftad. Man ham zardchube va namak râ andâze-giri kardim. Buy-e khosh-e ghazâ kol-e khâne râ por kard. Ba'd az se sâ'at, ghazâ âmâde shod. Barâye cheshidan-e ân kami nân bordâmt va khordam. Khoshmaze-tar az hameishe bud! Mâdaram goft: «To este'dâd dâri!» In tajrobe be man etemâd-be-nafs dâd. Hâlâ mikhâham hafte-i yek bâr ghazâ bepazam.

Translation:

Yesterday, I decided to help my mom cook. She said we'd make qormeh sabzi today. First, we washed and chopped the herbs. Then, we fried onions and added meat. Next, we put red beans and chopped herbs into the pot. My mom said it should simmer to thicken. I measured the turmeric and salt. The delicious smell filled the whole house. After three hours, the food was ready. I took some bread to taste it. It was tastier than ever! My mom said, "You have talent!" This experience gave me confidence. Now I want to cook once a week.

Paragraph 11: A Day at the Beach

Persian:

امروز به ساحل دریای خزر رفتیم. هوا گرم بود و آفتاب میدرخشید. من و دوستانم زودتر از بقیه به آب زدیم. موجهای بلند و خنکی ما را به بازی میانداخت. روی شنها دویدیم و قلعهی شنی ساختیم. بعد از شنا، ناهار خوردیم: ماهی کبابی و سالاد. یک فروشنده بستنی میفروخت و ما همگی بستنی خریم. بعدازظهر قایقی اجاره کردیم و کمی از ساحل دور شدیم. پرندههای دریایی بالای سرمان پرواز میکردند. غروب خورشید روی آب رنگهای نارنجی و صورتی پخش کرد. عکسهای زیادی گرفتیم تا خاطرهی خوبی بماند. شب دور آتش نشستیم و آواز خواندیم. ستارهها مثل الماس میدرخشیدند. وقتی به خانه برگشتیم، موهایمان هنوز نمدار بود! امروز یکی از بهترین روزهای تابستان بود.

Romanization:

Emruz be sâhel-e daryâ-ye Khazar raftim. Havâ garm bud va âftâb midarakhshid. Man va dustânam zudtar az baghiye be âb zadim. Mouj-hâ-ye boland va khonaki mâ râ be bâzi miandâkht. Roye shen-hâ davidim va qal'e-ye sheni sâkhtim. Ba'd az shenâ, nâhâr khordim: mâhi-ye kabâbi va sâlâd. Yek forushande bastani miforusht va mâ hamegi bastani kharidim. Ba'd az zohr qâyeqi ejâre kardim va kami az sâhel dur shodim. Parande-hâ-ye daryâyi bâlâ-ye saramân parvâz mikardand. Ghorub-e khorshid roye âb rang-hâ-ye nârenji va surati pakhsh kard. Aks-hâ-ye ziâdi gereftim tâ khâtere-ye khubi bemânad. Shab dur âtash neshestim va âvâz khândim. Setâre-hâ mesl-e almâs midarakhshidand.

*Vaghti be khâne bargashtim, mu-hâ-ye-mân hanuz
namdâr bud. Emruz yeki az behtarin ruz-hâ-ye
tâbestân bud!*

Translation:

*Today, we went to the Caspian Sea beach. The
weather was hot, and the sun was shining. My
friends and I jumped into the water earlier than the
others. The tall, cool waves tossed us around
playfully. We ran on the sand and built a sandcastle.
After swimming, we ate lunch: grilled fish and
salad. An ice cream seller came by, and we all
bought ice cream. In the afternoon, we rented a
boat and went farther from the shore. Seagulls flew
above our heads. The sunset spread orange and
pink hues over the water. We took many photos to
remember the good times. At night, we sat around a
bonfire and sang songs. The stars sparkled like
diamonds. When we returned home, our hair was
still damp. Today was one of the best summer days!*

بشنو از نی چون حکایت می‌کند
از جدایی‌ها شکایت می‌کند
کز نیستان تا مرا ببریده‌اند
در فغانم، روز و شب می‌گریند

Roman Transliteration:
Beshno az ney chun hekayat mikonad
Az jodaaihaa shekayat mikonad
Kaz neyestaan taa mara bebariideh-and
Dar faghanaam, rooz o shab migirand

English Translation:
Listen to the flute, how it tells its tale
Of separations and the sorrow it unveils
From the reed bed, they have cut me away
In my lament, day and night I weep and say

Poet: Rumi

Paragraph 12: A Football Match

Persian:

دیروز به استادیوم رفتیم تا بازی تیم ملی را تماشا کنیم. جمعیت هیجان‌زده پرچمها را تکان میدادند. من و پدرم جاهایمان را روی سکو پیدا کردیم. بازیکنان با انرژی وارد زمین شدند و هواداران فریاد کشیدند. بازی سخت و پر از فرازونشیب بود. در دقیقه‌ی سی، تیم ما یک گل زیبا زد و همه از خوشحالی پریدند. قبل از نیمه، حریف یک گل تساوی زد. در نیمه‌ی دوم، دروازه‌بان ما چند ضربه‌ی خطرناک را مهار کرد. دقیقه‌ی هشتادوپنج، بازیکن ما پنالتی گرفت و گل برنده را زد! استادیوم از شادی منفجر شد. بعد از بازی، ترافیک سنگین بود اما ارزشش را داشت. پدرم گفت: «این بهترین بازی عمرم بود!» شب تلویزیون تحلیل بازی را نشان داد. من هنوز هیجان آن لحظه را فراموش نکرده‌ام.

Romanization:

Diruz be estâdium raftim tâ bâzi-e tim-e melli râ tamâshâ konim. Jam'iyat-e heyjân-zade parchim-hâ râ tekân midâdand. Man va pedaram jâ-ye-mân râ roy-e sako peydâ kardim. Bâzikonân bâ energiy vâred-e zamin shodand va havâdârân faryâd keshidand. Bâzi sakht va por az farâz-o-neshib bud. Dar daqiqe-ye si, tim-e mâ yek gol-e zibâ zad va hame az khoshhâli paridand. Qabl-e nime, hâref yek gol-e tasâvi zad. Dar nime-ye dovvom, darvâzegân-e mâ chand zarbe-ye khatarnâk râ mahâr kard. Daqiqe-ye hashtâd-o-panj, bâzikon-e mâ penaleti gereft va gol-e barande râ zad! Estâdium az shâdi monfejer shod. Ba'd az bâzi, terâfik-e sangin bud ammâ arzesh-e-sh râ dâsht.

Pedaram goft: «In behtarin bâzi-e omr-e man bud!»
Shab televizion tahlil-e bâzi râ neshan dâd. Man
hanuz heyjân-e ân lahze râ farâmuosh nakardam.

Translation:

 Yesterday, we went to the stadium to watch the
national team play. The excited crowd waved flags.
My dad and I found our seats in the stands. The
players energetically entered the field, and fans
cheered. The match was intense and full of ups and
downs. In the 30th minute, our team scored a
beautiful goal, and everyone jumped for joy. Before
halftime, the opponent equalized. In the second half,
our goalkeeper saved several dangerous shots. In
the 85th minute, our player got a penalty and
scored the winning goal! The stadium erupted with
joy. After the match, traffic was heavy, but it was
worth it. My dad said, "This was the best game of
my life!" At night, TV analyzed the match. I still
haven't forgotten the thrill of that moment.

Paragraph 13: Volunteering at an Animal Shelter

Persian:

این هفته در پناهگاه حیوانات داوطلب شدم. صبح زود به آنجا رفتم و مسئولان را ملاقات کردم. اول به سگها غذا دادم و آب تازه برایشان ریختم. بعد قفس گربهها را تمیز کردم و بسترشان را عوض کردم. یک تولهسگ کوچک بیمار بود و به دارو نیاز داشت. دامپزشک به من یاد داد چگونه به او کمک کنم. بعدازظهر، به سگها پیادهروی بردم و با آنها بازی کردم. مردم برای adoption میآمدند و سوال میپرسیدند. یک خانوادهی مهربان یک گربهی سفید را به سرپرستی گرفتند. عصر، به تولهسگها آموزش دادم تا بنشینند و دست بدهند. وقتی به خانه برگشتم، خسته بودم اما خوشحال. حیوانات به عشق و مراقبت نیاز دارند. فردا دوباره به پناهگاه میروم.

Romanization:

In hafte dar panâhgâh-e heyvânât dâvolat shodam. Sobh-e zud be ânjâ raftam va mas'ulân râ molâqât kardim. Avval be sag-hâ ghazâ dâdam va âb-e tâze barâye-shân rikhtam. Ba'd qafas-e gorbe-hâ râ tamiz kardam va bestar-e-shân râ avaz kardam. Yek tule-sag-e kuchek bimâr bud va be dâru niyâz dâsht. Dâmpazeshk be man yâd dâd chegunegi be ou komak konam. Ba'd az zohr, be sag-hâ piâde-ravyi bordam va bâ ânhâ bâzi kardam. Mardom barâye adoption miâmadand va soal miporsidand. Yek khânevâde-ye mehrabân yek gorbe-ye sefid râ be sarparasti gereftand. Asr, be tule-sag-hâ âmuzesh

*dâdam tâ beshinand va dast bedahand. Vaghti be
khâne bargashtam, khaste budam ammâ khoshhâl.
Heyvânât be eshq va morâqebat niyâz dârand.
Fardâ dobâre be panâhgâh miravam.*

Translation:

*This week, I volunteered at an animal shelter. I
went there early and met the staff. First, I fed the
dogs and poured fresh water for them. Then, I
cleaned the cats' cages and changed their bedding.
A sick puppy needed medicine. The vet taught me
how to care for him. In the afternoon, I walked the
dogs and played with them. People came to adopt
and asked questions. A kind family took a white cat
into their care. In the evening, I trained puppies to
sit and shake hands. When I returned home, I was
tired but happy. Animals need love and care. I'll go
back to the shelter tomorrow.*

Paragraph 14: A Village Festival

Persian:

تعطیلات به روستای پدربزرگم رفتیم. امروز جشنواره‌ی محلی برگزار میشد. مردم لباسهای رنگارنگ محلی پوشیده بودند. زنان روی سینیهای بزرگ نان تازه میپختند. مردان اسبسواری و کشتی محلی نمایش میدادند. من و پسرعمویم روی اسبهای کوچک سوار شدیم. بعد، در مسابقهی دو روستاییان شرکت کردیم و برنده شدیم! عصر، گروه موسیقی سنتی با دف و نی آهنگ مینواخت. همه دست میزدند و میرقصیدند. غروب، آتشبازی بزرگی انجام شد و آسمان روشن شد. برای شام، دیزی خوردم که در دیگهای بزرگ پخته شده بود. پدربزرگم داستانهای قدیمی روستا را تعریف کرد. شب زیر ستاره‌ها خوابیدیم و صدای جیرجیرکها آرامشبخش بود. فردا صبح با خاطراتی زیبا به شهر برگشتیم.

Romanization:

Ta'tilât be rustâ-ye pedar-bozorgam raftim. Emruz jashnvâre-ye mahalli bargozâr mishod. Mardom lebâs-hâ-ye rangârang-e mahalli pushide budand. Zanân roy-e sini-hâ-ye bozorg nân-e tâze mipokhtand. Mardân asb-savâri va koshti-ye mahalli namâyesh midâdand. Man va pesar-amouyam roy-e asb-hâ-ye kuchek savâr shodim. Ba'd, dar mosâbeqe-ye dow-e rustâyiân sherkat kardim va barande shodim! Asr, goruh-e musiqi-ye sonnati bâ def va ney âhang minavâkht. Hame dast mizadand va miraghsidand. Ghorub, âtashbâzi-ye bozorgi anjâm shod va âsemân rowshan shod. Barâye shâm, dizi khordam ke dar dig-hâ-ye bozorg pokhte shode bud.

*Pedar-bozorgam dâstân-hâ-ye qadimi-ye rustâ râ
ta'rif kard. Shab zir-e setâre-hâ khâbidim va
sedâ-ye jirjirak-hâ ârâmesh-bakhsh bud. Fardâ
sobh bâ khâterâti-ye zibâ be shahr bargashtim.*

Translation:

*During the holidays, we went to my grandfather's
village. Today, a local festival was held. People
wore colorful traditional clothes. Women baked
fresh bread on large trays. Men demonstrated
horseback riding and folk wrestling. My cousin and
I rode small horses. Later, we joined the villagers'
running race and won! In the evening, a traditional
music group played songs with drums and flutes.
Everyone clapped and danced. At sunset, a big
fireworks show lit up the sky. For dinner, I ate dizi
stew cooked in large pots. My grandfather told old
village stories. We slept under the stars, and the
crickets' chirping was soothing. Tomorrow
morning, we returned to the city with beautiful
memories.*

Paragraph 15: Learning Calligraphy

Persian:

ماه گذشته کلاس خوشنویسی ثبت‌نام کردم. معلم ما استاد حسن است که بسیار صبور است. اول مداد و کاغذ مخصوص به ما داد. یاد گرفتیم چگونه قلم را در دست بگیریم و فشار دهیم. خط نستعلیق زیباترین خط فارسی است. هفتهی اول فقط حرف «الف» را تمرین کردم. حالا میتوانم جملات ساده بنویسم. امروز نام خودم را با مرکب طلایی نوشتم و قاب کردم. استاد گفت پیشرفت خوبی داشتهام. بعضی روزها سخت است، اما عاشق این هنر هستم. دوستانم از کارهایم تعریف میکنند. میخواهم تا دیپلم خوشنویسی ادامه دهم. این هنر به من صبر و دقت آموخت.

Romanization:

Mâh-e gozashte kelâs-e khoshnevisi sabt-nâm kardam. Mo'allem-e mâ ostâd Hasan ast ke besyâr sabur ast. Avval medâd va kâghaz-e makhsus be mâ dâd. Yâd gereftim chegunegi qalam râ dar dast begirim va feshâr bedahim. Khatt-e Nasta'liq zibâ-tarin khatt-e Fârsi ast. Hafte-ye avval faqat harf-e «Alef» râ tamrin kardam. Hâlâ mitavânam jomlât-e sâde benevisam. Emruz nâm-e khodam râ bâ morakkab-e talâyi neveshtam va qâb kardam. Ostâd goft pishraft-e khubi dâshtam. Ba'zi ruz-hâ sakht ast, ammâ âsheq-e in honar hastam. Dustânam az kâr-hâ-yam ta'rif mikonand. Mikhâhâm tâ diplom-e khoshnevisi edâme bedaham. In honar be man sabr va daqqat âmukht.

Translation:

Last month, I enrolled in a calligraphy class. Our teacher is Master Hassan, who is very patient. First, he gave us special pencils and paper. We learned how to hold the pen and apply pressure. Nasta'liq script is the most beautiful Persian script. In the first week, I only practiced the letter "Alef." Now I can write simple sentences. Today, I wrote my name in gold ink and framed it. The teacher said I've improved well. Some days are challenging, but I love this art. My friends praise my work. I want to continue until I earn a calligraphy diploma. This art taught me patience and precision.

Paragraph 16: A Tech Workshop

Persian:

هفتهی گذشته در یک کارگاه برنامهنویسی شرکت کردم. این کارگاه برای نوجوانان علاقهمند به فناوری برگزار شد. اول معلم دربارهی امنیت اینترنت و رمزهای قوی توضیح داد. سپس نرمافزاری نصب کردیم تا کدنویسی پایه را یاد بگیریم. من و دوستم یک بازی ساده با پایتون ساختیم. بعدازظهر، دربارهی هوش مصنوعی و کاربردهای آن بحث کردیم. معلم گفت هوش مصنوی میتواند در پزشکی و کشاورزی کمک کند. ما حتی یک ربات کوچک را برنامهریزی کردیم تا توپها را جمعآوری کند. آخر کارگاه، به همهی شرکتکنندگان گواهینامه دادند. من تصمیم گرفتم بیشتر تمرین کنم تا در المپیاد کامپیوتر شرکت کنم. این تجربه به من نشان داد فناوری چقدر جذاب است.

Romanization:

Hafte-ye gozashte dar yek kârgâh-e barnâme-nevisi sherkat kardam. In kârgâh barâye nowjavânân-e âlâqe-mand be fanâvari bargozâr shod. Avval mo'allem darbâre-ye amniat-e internet va ramz-hâ-ye qavi tozih dâd. Sepas narm-afzâri nasb kardim tâ kode-nevisi-ye pâye râ yâd begirim. Man va doostam yek bâzi-ye sâde bâ Pâytôn sâkhtim. Ba'd az zohr, darbâre-ye hoosh-e masnu'i va kârbord-hâ-ye ân bahs kardim. Mo'allem goft hoosh-e masnu'i mitavânad dar pezeshki va kesâvarzi komak konad. Mâ hattâ yek robât-e kuchek râ barnâme-rizi kardim tâ top-hâ râ jam'-âvari konad. Âkhar-e kârgâh, be hame-ye sherkat-konandegân govâhinâme dâdand. Man tasmim gereftam bishtar tamrin konam tâ dar olampiâd-e komputer sherkat konam. In tajrobe be man neshan dâd fanâvari cheqad jazâb ast.

Translation:

Last week, I attended a programming workshop. It was held for teenagers interested in technology. First, the teacher explained internet safety and strong passwords. Then, we installed software to learn basic coding. My friend and I built a simple game with Python. In the afternoon, we discussed artificial intelligence and its applications. The teacher said AI can help in medicine and agriculture. We even programmed a small robot to collect balls. At the end, all participants received certificates. I decided to practice more to join computer olympiads. This experience showed me how fascinating technology is.

Paragraph 17: Growing a Garden

Persian:

امسال تصمیم گرفتم باغچهای در حیاط خانه درست کنم. اول خاک را با کود طبیعی تقویت کردم. سپس بذر گوجهفرنگی، نعنا، و گلهای داودی کاشتم. هر روز صبح به گیاهان آب میدادم و علفهای هرز را میکندم. دو هفته بعد، اولین جوانهها از خاک بیرون آمدند. یک روز متوجه شدم برگهای گوجهفرنگی سوراخ شدهاند! مادرم گفت احتمالاً کرمها آنها را خوردهاند. من اسپری طبیعی با سیر و فلفل درست کردم تا آفتها را دور کنم. حالا گوجهها قرمز شدهاند و نعناها بوی خوشی میدهند. گلهای داودی هم صورتی و زرد شکفتهاند. آخر هفته، سالاد با گوجههای خانگی درست کردیم. باغبانی به من صبر و مسئولیتپذیری آموخت.

Romanization:

Emsâl tasmim gereftam bâghche-i dar hayât-e khâne dorost konam. Avval khâk râ bâ kud-e tabi'i taqviyat kardam. Sepas bazr-e goje-farangi, na'nâ, va gol-hâ-ye dâvudi kâshtam. Har ruz sobh be giâhân âb midâdam va alaf-hâ-ye harz râ mikandom. Do hafte ba'd, avalin javâne-hâ az khâk birun âmadand. Yek ruz motavajjeh shodam barg-hâ-ye goje-farangi surâkh shode-and! Mâdaram goft ehtemâlan kerm-hâ ânhâ râ khorde-and. Man esprey-e tabi'i bâ sir va felfel dorost kardam tâ âfat-hâ râ dur konam. Hâlâ goje-hâ ghermez shode-and va na'nâ-hâ buy-e khoshi midahand. Gol-hâ-ye dâvudi ham surati va zard shekofte-and. Âkhar-e hafte, sâlâd bâ

*goje-hâ-ye khânegi dorost kardim. Bâghbâni be
man sabr va mas'uliyat-paziri âmukht.*

Translation:

*This year, I decided to create a small garden in our
yard. First, I enriched the soil with natural fertilizer.
Then, I planted tomato seeds, mint, and
chrysanthemums. Every morning, I watered the
plants and pulled weeds. Two weeks later, the first
sprouts emerged. One day, I noticed holes in the
tomato leaves! Mom said caterpillars probably ate
them. I made a natural spray with garlic and chili
to repel pests. Now, the tomatoes are red, and the
mint smells fresh. The chrysanthemums bloomed
pink and yellow. Over the weekend, we made salad
with homegrown tomatoes. Gardening taught me
patience and responsibility.*

Paragraph 18: A Historical Museum Tour

Persian:

امروز با مدرسه به موزهی ملی ایران رفتیم. راهنما دربارهی تمدنهای باستانی مثل هخامنشیان صحبت کرد. اول بخش ساسانیان را دیدیم: شمشیرها و ظروف طلایی بسیار زیبا. بعد به سالن اشکانیان رفتیم و مجسمههای سنگی عظیم را تحسین کردیم. در بخش اسلام، قرآنهای خطی با تذهیبهای طلایی نمایش داده میشد. من عاشق نقاشیهای مینیاتور

دوران صفویه شدم. بعدازظهر، در کارگاه سفالگری شرکت کردیم و کاسههای گلی ساختیم. معلم تاریخ گفت: «گذشته چراغ راه آینده است.» هنگام برگشت، یک کتاب دربارهی موزه خریدم. میخواهم فردا دوباره به این موزه بیایم و بیشتر کشف کنم.

Romanization:

Emruz bâ madrese be muze-ye melli-ye Irân raftim.
Râhnemâ darbâre-ye tamaddon-hâ-ye bâstâni
mesl-e Hakhâmaneshiyân sohbat kard. Avval
bakhsh-e Sâsâniyân râ didim: shamshir-hâ va
zarf-hâ-ye talâyi besyâr zibâ. Ba'd be sâlân-e
Ashkâniyân raftim va mojasame-hâ-ye sangi-ye
azim râ tahsin kardim. Dar bakhsh-e Eslâm,
Qur'ân-hâ-ye khatti bâ tazhib-hâ-ye talâyi
namâyesh dâde mishod. Man âsheq-e naqâshi-hâ-ye
miniyâtur-e dowrân-e Safavi shodam. Ba'd az zohr,

*dar kârgâh-e sofâlgeri sherkat kardim va
kâse-hâ-ye goli sâkhtim. Mo'allem-e târikh goft:
«Gozashte cherâgh-e râh-e âyande ast.» Hengâm-e
bargasht, yek ketâb darbâre-ye muze kharidam.
Mikhâham fardâ dobâre be in muze biyâyam va
bishtar kashf konam.*

Translation:

*Today, our school visited the National Museum of
Iran. The guide spoke about ancient civilizations
like the Achaemenids. First, we saw the Sassanid
section: swords and exquisite golden vessels. Then,
we admired massive stone statues in the Parthian
hall. In the Islamic section, handwritten Qurans
with gold illuminations were displayed. I fell in love
with Safavid-era miniature paintings. In the
afternoon, we joined a pottery workshop and made
clay bowls. The history teacher said, "The past is
the light of the future." On the way back, I bought a
book about the museum. I want to return tomorrow
and explore more.*

Paragraph 19: A Birthday Surprise

Persian:

دیروز تولد بهترین دوستم، نیوشا، بود. ما یک ماه قبل
برنامه‌ریزی کردیم تا او را غافلگیر کنیم. صبح زود به خانه‌اش
رفتیم و با گل و بادکنک تزیین کردیم. مادرم کیک شکلاتی پخته
بود و من کارت‌پستال دست‌ساز درست کردم. وقتی نیوشا وارد شد،
همه فریاد زدیم: «سورپرایز!» او از تعجب گریه کرد. بعد هدیه‌ها
را باز کرد: یک کتاب، گوشواره، و عروسک پارچه‌ای. بعد بازی
گروهی انجام دادیم و کلی خندیدیم. عصر به سینما رفتیم و فیلم
کمدی مورد علاقه‌اش را دیدیم. شب هنگام برگشت، آسمان
پرستاره بود و با هم آواز خواندیم. نیوشا گفت: «این بهترین تولد
عمرم بود!» خوشحالم توانستم لبخند به صورتش بیاورم.

Romanization:

 *Diruz tavallod-e behtarin doostam, Niyushâ, bud.
Mâ yek mâh qabl barnâme-rizi kardim tâ ou râ
ghâfelgir konim. Sobh-e zud be khâne-ash raftim va
bâ gol va bâdkonak taz'in kardim. Mâdaram keyk-e
shokolâti pokhte bud va man kârt-postâl-e dast-sâz
dorost kardam. Vaghti Niyushâ vâred shod, hame
faryâd zadim: «Surpriz!» Ou az ta'ajjob gerye kard.
Ba'd hediyye-hâ râ bâz kard: yek ketâb, gushvâre,
va arusak-e pârche-i. Ba'd bâzi-ye goruhi anjâm
dâdim va keli khandidim. Asr be sinemâ raftim va
film-e komedi-ye mord-e âlâqe-ash râ didim. Shab
hengâm-e bargasht, âsemân por-setâre bud va bâ
ham âvâz khândim. Niyushâ goft: «In behtarin
tavallod-e omr-e man bud!» Khoshhâlam
tavânestam labkhand be surat-esh biyâvaram.*

Translation:

Yesterday was my best friend Niyusha's birthday. We planned a surprise for her a month ago. Early morning, we decorated her house with flowers and balloons. My mom baked a chocolate cake, and I made a handmade card. When Niyusha walked in, we all shouted, "Surprise!" She cried from shock. Later, she opened gifts: a book, earrings, and a fabric doll. We played group games and laughed endlessly. In the evening, we watched her favorite comedy at the cinema. Returning home at night, the starry sky inspired us to sing. Niyusha said, "This was the best birthday of my life!" I'm glad I could make her smile.

Paragraph 20: A Mountain Hike

Persian:

هفتهی گذشته با گروه کوهنوردی به دماوند رفتیم. ساعت پنج صبح با کولهپشتیها حرکت کردیم. ابتدا مسیر آسان بود، اما هرچه بالاتر رفتیم، هوا سردتر شد. نزدیک قله، برف زمین را پوشانده بود و نفس کشیدن سخت بود. رهبر گروه گفت: «آرام پیش بروید تا انرژی کم نیاورید.» بالاخره به قله رسیدیم و پرچم ایران را بالا بردیم. منظرهی ابرها زیر پایمان مثل یک دریای سفید بود. بعد از ناهار، عکسهای گروهی گرفتیم و ناممان را روی سنگ نوشتیم. هنگام پایین آمدن، یک کلبهی چوبی قدیمی پیدا کردیم و استراحت کردیم. غروب به پای کوه برگشتیم و چای داغ نوشیدیم. این تجربه به من ثابت کرد هیچ چیز غیرممکن نیست!

Romanization:

Hafte-ye gozashte bâ goruh-e kuhnavardi be Damâvand raftim. Sâ'at-e panj-e sobh bâ kuleh-poshti-hâ harekat kardim. Ebtedâ masir-e âsân bud, ammâ harche bâlâtar raftim, havâ sardtar shod. Nazdik-e qolle, barf zamin râ pushânde bud va nafas keshidan sakht bud. Rahbar-e goruh goft: «Ârâm pish boroovid tâ energi kam nayâvarid.» Belâkhere be qolle residim va parchim-e Irân râ bâlâ bordim. Manzare-ye abr-hâ zir-e pâ-ye-mân mesl-e yek daryâ-ye sefid bud. Ba'd az nâhâr, aks-hâ-ye goruhi gereftim va nâm-e-mân râ roy-e sang neveshtim. Hengâm-e pâyin âmadan, yek kolbe-ye choobi-ye qadimi peidâ kardim va esterâhat kardim. Ghorub be pâ-ye kuh bargashtim va châi-ye dâgh noshidim. In tajrobe be man sâbet kard hich chiz gheyr-e momken nist!

Translation:
Last week, I hiked Mount Damavand with a climbing group. We started at 5 a.m. with backpacks. The trail was easy at first, but it got colder as we ascended. Near the summit, snow covered the ground, and breathing was tough. The leader said, "Go slowly to conserve energy." Finally, we reached the peak and raised Iran's flag. The view of clouds below looked like a white sea. After lunch, we took group photos and carved our names on a rock. Descending, we found an old wooden cabin and rested. At dusk, we returned to the base and drank hot tea. This experience proved nothing is impossible!

بنی‌آدم اعضای یکدیگرند
که در آفرینش ز یک گوهرند
چو عضوی به درد آورد روزگار
دگر عضوها را نماند قرار

Roman Transliteration:
Bani-ādam a'zāye yekdigarand
Ke dar āfarinesh ze yek goharand
Cho uzvi be dard āvard ruzgār
Digar uzvhā rā namānd qarār

English Translation:
Human beings are members of one another,
Created from the same essence, like a single
treasure.
When one part of the body is in pain,
The other members cannot find rest or gain.

Poet: Saadi

Paragraph 21: Learning to Play the Tar

Persian:

ماه پیش شروع به یادگیری ساز تار کردم. استادم آقای رحیمی،
نوازندهای مشهور در موسیقی سنتی است. اولین جلسه، نحوهی در
دست گرفتن مضراب و سیمها را آموزش داد. صدای تار پر از
احساس و غمگین بود، اما زیبا. هفتهی اول فقط تمرین نتهای پایه
را انجام میدادم. حالا میتوانم آهنگ سادهی «مرغ سحر» را
بنوازم. گاهی انگشتم درد میگیرد، اما عاشق این ساز هستم. دیروز
برای خانواده اجرای کوچکی داشتم و همه تشویقم کردند. استاد
گفت باید روزی دو ساعت تمرین کنم تا پیشرفت کنم. میخواهم سال
آینده در کنسرت مدرسه شرکت کنم. تار نهفقط یک ساز، بلکه
بخشی از فرهنگ ماست.

Romanization:

*Mâh-e pish shoru' be yâdgiri-ye sâz-e târ kardam.
Ostâdam Âghâ-ye Rahimi, navâzande-i mashhur
dar musiqi-ye sonnati ast. Avvalin jalse, nehve-ye
dar dast gereftan-e mezrâb va sim-hâ râ âmuzesh
dâd. Sedâ-ye târ por az ehsâs va ghamgin bud,
ammâ zibâ. Hafte-ye avval faqat tamrin-e
note-hâ-ye pâye râ anjâm midâdam. Hâlâ
mitavânam âhang-e sâde-ye «Morgh-e Sahar» râ
benavâzam. Gâhi angoshtam dard migirad, ammâ
âsheq-e in sâz hastam. Diruz barâye khânevâde
ejrâ-ye kucheki dâshtam va hame tasviq-am
kardand. Ostâd goft bâyad ruzi do sâ'at tamrin
konam tâ pishraft konam. Mikhâham sâl-e âyande
dar konsert-e madrese sherkat konam. Târ na-faqat
yek sâz, balke bakhshi az farhang-e mâst.*

Translation:

Last month, I began learning to play the tar. My teacher, Mr. Rahimi, is a renowned traditional musician. In the first lesson, he taught me how to hold the pick and strings. The tar's sound was full of emotion and melancholy, yet beautiful. In the first week, I only practiced basic notes. Now I can play the simple song "Morgh-e Sahar" (Bird of Dawn). Sometimes my fingers ache, but I love this instrument. Yesterday, I performed a small piece for my family, and everyone applauded. My teacher said I must practice two hours daily to improve. I want to join the school concert next year. The tar isn't just an instrument—it's part of our culture.

Paragraph 22: A Science Fair Competition

Persian:

امسال در مسابقهی نمایشگاه علوم مدرسه شرکت کردم. پروژهی من دربارهی ساخت باتری با لیمو و مس بود. اول آزمایشها را ده بار تکرار کردم تا نتیجهی درست بگیرم. روز مسابقه، داوران از من پرسیدند چگونه برق تولید میشود. من توضیح دادم اسید لیمو با فلزات واکنش میدهد. پروژهی دوستم رضا دربارهی روبات جمعآوری زباله بود که برنده شد. معلمم گفت ایدهی من خلاقانه بود، اما نیاز به بهبود داشت. از این تجربه یاد گرفتم علم نیاز به صبر و دقت دارد. سال آینده میخواهم پروژهای دربارهی انرژی باد بسازم.

Romanization:

Emsâl dar mosâbeqe-ye namâyeshgâh-e olum-e madrese sherkat kardam. Proje-ye man darbâre-ye sâkht-e bâtri bâ limu va mes bud. Avval âzmâyesh-hâ râ dah bâr tekrâr kardam tâ natije-ye dorost begiram. Ruz-e mosâbeqe, dâvarân az man porsidand chegunegi barq towlid mishavad. Man tozih dâdam asid-e limu bâ folâdât vâkonesh midahad. Proje-ye doostam Rezâ darbâre-ye rubât-e jam'-âvari-ye zobâle bud ke barande shod. Mo'allem-am goft ideye-ye man khelâghâne bud, ammâ niyâz be behbud dâsht. Az in tajrobe yâd gereftam elm niyâz be sabr va daqqat dârad. Sâl-e âyande mikhâham proje-i darbâre-ye energi-ye bâd besâzam.

Translation:

This year, I joined our school's science fair. My project was about creating a battery with lemons and copper. I repeated the experiments ten times to get accurate results. On the day, judges asked me how electricity is generated. I explained that lemon acid reacts with metals. My friend Reza's project on a trash-collecting robot won. My teacher said my idea was creative but needed refinement. This experience taught me science requires patience and precision. Next year, I want to build a project about wind energy.

Paragraph 23: A Camping Adventure

Persian:

تعطیلات به اردوی شبمانی در جنگل رفتیم. چادرها را کنار
رودخانهای شفاف برپا کردیم. شب اول صدای جغدها ما را
میترساند، اما به آن عادت کردیم. روزها به کوهنوردی میرفتیم و
شبها دور آتش داستان میگفتیم. یک روز باران شدیدی آمد و
همهچیز خیس شد، اما خندهدار بود. آخرین شب، آسمان پرستاره
بود و با تلسکوپ ستارهها را تماشا کردیم. این سفر به من یاد داد
سادگی چقدر زیباست.

Romanization:

*Ta'tilât be ordovi-ye shab-mâni dar jangal raftim.
Châdor-hâ râ kenâr-e rudkhâne-i shafâf barpâ
kardim. Shab-e avval sedâ-ye jogh-hâ mâ râ
mitarsând, ammâ be ân âdat kardim. Ruz-hâ be
kuhnavardi miraftim va shab-hâ dur âtash dâstân
migoftim. Yek ruz bârân-e shadidi âmad va
hame-chiz khis shod, ammâ khandedâr bud.
Âkharin shab, âsemân por-setâre bud va bâ teleskop
setâre-hâ râ tamâshâ kardim. In safar be man yâd
dâd sâdegi cheqad zibâst.*

Translation:

*During the holidays, we camped overnight in the
forest. We pitched tents by a crystal-clear river. The
first night, owl hoots scared us, but we got used to
it. Days were for hiking, nights for campfire stories.
One day, heavy rain soaked everything, but it was
hilarious. On the last night, we stargazed with a*

telescope. This trip taught me the beauty of simplicity.

Paragraph 24: A Cultural Exchange Festival

Persian:

در مدرسه جشنواره‌ی تبادل فرهنگي برگزار کردیم. هر دانش‌آموز غذا یا لباس کشور دیگری را معرفی میکرد. من لباس محلی آذربایجان پوشیدم و باقلوا پختم. دوستم سارا درباره‌ی ژاپن صحبت کرد و سوشی آورد. بعدازظهر، رقصهای محلی از هند و مکزیک اجرا شد. همه یاد گرفتیم فرهنگها متفاوتند، اما همه‌ی ما انسانیم. این روز به من نشان داد جهان چقدر رنگارنگ است.

Romanization:

Dar madrese jashnvâre-ye tabâdol-e farhangi bargozâr kardim. Har dânesh-âmuz ghazâ yâ lebâs-e keshvar-e digari râ mo'arrefi mikard. Man lebâs-e mahalli-ye Âzarbâyjân pushidam va baqlavâ pokhtam. Doostam Sârâ darbâre-ye Zhâpon sohbat kard va sushi âvard. Ba'd az zohr, raghs-hâ-ye mahalli az Hend va Meksik ejrâ shod. Hame yâd gereftim farhang-hâ motefâvetand, ammâ hame-ye mâ ensânim. In ruz be man neshan dâd jahân cheqad rangârang ast.

Translation:

Our school hosted a cultural exchange festival. Each student presented food or clothing from another country. I wore Azerbaijani traditional clothes and baked baklava. My friend Sara brought sushi and talked about Japan. In the afternoon, folk dances from India and Mexico were performed. We learned cultures differ, but we're all human. This day showed me how colorful the world is.

Paragraph 25: Organizing a Charity Run

Persian:

با دوستانم تصمیم گرفتیم دویدن خیریه برای کودکان بیسرپرست
برگزار کنیم. پوسترها را طراحی کردیم و در شبکههای اجتماعی
منتشر کردیم. روز مسابقه، صدها نفر در پارک جمع شدند.
بعضیها لباسهای عجیب پوشیده بودند تا توجه جمع را جلب کنند.
من با وجود سرماخوردگی دویدم و ده کیلومتر را تمام کردم. پول
جمعآوری شده به خرید کتاب و لوازم مدرسه کمک کرد. این کار
به من یاد داد حتی کارهای کوچک هم تغییر ایجاد میکنند.

Romanization:

*Bâ dustânam tasmim gereftim davidan-e kheiriye
barâye kodakân-e bi-sarparast bargozâr konim.
Poster-hâ râ tarrahi kardim va dar shabake-hâ-ye
ejtemâ'i montasher kardim. Ruz-e mosâbeqe,
sad-hâ nafar dar pârk jam' shodand. Ba'zi-hâ
lebâs-hâ-ye ajib pushide budand tâ tavajjoh-e jam'
râ jalb konand. Man bâ vojude-ye sarmâkhordegi
davidam va dah kilomitar râ tamâm kardam. Pool-e
jam'-âvari shode be kharid-e ketâb va lavâzem-e
madrese komak kard. In kâr be man yâd dâd hattâ
kâr-hâ-ye kuchek ham taghyir ijâd mikonand.*

Translation:

*My friends and I organized a charity run for
orphaned children. We designed posters and shared
them online. On the day, hundreds gathered in the
park. Some wore quirky outfits to grab attention. I
ran 10 kilometers despite a cold. The funds helped*

buy books and school supplies. This taught me even small actions create change.

Paragraph 26: A Traditional Tea House Experience

Persian:

امروز با پدربزرگم به قهوه‌خانهای قدیمی در بازار رفتیم. دیوارها با نقاشیهای شاهنامه تزیین شده بود. مردی مسن با لباس محلی در حال دم کردن چای روی سماور بود. پدربزرگ داستانهای جوانیاش را تعریف کرد و من گوش دادم. چند نفر دور میزی نشسته بودند و نرد بازی میکردند. صدای ضربان تنبک و آواز خوانی در فضای قهوه‌خانه پیچید. برای ناهار، آبگوشت سنتی با نان تازه خوردیم. بعد از غذا، پدربزرگ با استاد نقالی صحبت کرد که داستان رستم و سهراب را خواند. من از دیدن علاقهی مردم به فرهنگ قدیمی شگفتزده شدم. عصر هنگام برگشت، پدربزرگ گفت: «این جا یادگار گذشتههای ماست.» تصمیم گرفتم دفعهی بعد دوستانم را هم به این قهوه‌خانه بیاورم.

Romanization:

Emruz bâ pedar-bozorgam be qahve-khâne-i qadimi dar bâzâr raftim. Divâr-hâ bâ naqâshi-hâ-ye Shâhnâme taz'in shode bud. Mardi mesn bâ lebâs-e mahalli dar hâl-e dam kardan-e châi roy-e samovar bud. Pedar-bozorg dâstân-hâ-ye javâni-ash râ ta'rif kard va man guosh dâdam. Chand nafar dur mizi neshaste budand va nard bâzi mikardand. Sedâ-ye zarb-e tonbak va âvâz khâni dar fazâ-ye qahve-khâne pichid. Barâye nâhâr, âbgusht-e sonnati bâ nân-e tâze khordim. Ba'd az ghazâ, pedar-bozorg bâ ostâd-e naqqâli sohbat kard ke dâstân-e Rostam va Sohrâb râ khând. Man az didan-e âlâqe-ye mardom be farhang-e qadimi shegeft-zade shodam. Asr hengâm-e bargasht, pedar-bozorg goft: «In jâ yâdegâr-e gozashte-hâ-ye mâst.» Tasmim gereftam daf'e-ye ba'd dustânam râ ham be in qahve-khâne biyâvaram.

Translation:

Today, I visited an old tea house in the bazaar with my grandfather. The walls were decorated with Shahnameh paintings. An elderly man in traditional clothes brewed tea on a samovar. Grandpa shared stories from his youth, and I listened. A few people played backgammon at a table. The sound of tonbak drums and singing filled the air. For lunch, we ate traditional abgoosht with fresh bread. Afterward, Grandpa spoke to a naqqâli (storyteller) who recited the tale of Rostam and Sohrab. I was amazed by people's love for old traditions. At dusk, Grandpa said, "This place is a relic of our past." I decided to bring my friends here next time.

Paragraph 27: A Carpet Weaving Workshop

Persian:

هفتهی گذشته از کارگاه قالیبافی در کاشان دیدن کردیم. زنان هنرمند پشت دارهای چوبی نشسته بودند و گره میزدند. استاد کارگاه توضیح داد هر رنگ و نقشه معنای خاصی دارد. من یاد گرفتم چگونه پشم را با رنگهای طبیعی مثل پوست انار رنگ کنند. یک دختر جوان طرحی از گل و پرنده میبافت که بینظیر بود. بعدازظهر، اجازه دادند خودم یک گره ساده روی قالی بزنم. کار سخت بود، اما لذتبخش. هنگام خداحافظی، یک قالیچهی کوچک به ما هدیه دادند. مادرم گفت این هنرِ صبر و عشق است. حالا قالیِ خانهی ما برایم ارزشمندتر شده است.

Romanization:

Hafte-ye gozashte az kârgâh-e qâli-bâfi dar Kâshân didan kardim. Zanân-e honarmand posht-e dâr-hâ-ye choobi neshaste budand va gereh mizadand. Ostâd-e kârgâh tozih dâd har rang va naqshe ma'nâ-ye khâssi dârad. Man yâd gereftam chegunegi pashm râ bâ rang-hâ-ye tabi'i mesl-e pust-e anâr rang konand. Yek dokhtar-e javân tarhi az gol va parande mibâft ke bi-nazir bud. Ba'd az zohr, ejâze dâdand khodam yek gereh-e sâde roy-e qâli bezanam. Kâr sakht bud, ammâ lezzat-bakhsh. Hengâm-e khodâhâfezi, yek qâliche-ye kuchek be mâ hedive dâdand. Mâdaram goft in honar-e sabr va eshq ast. Hâlâ qâli-ye khâne-ye mâ barâye-man arzeshmand-tar shode ast.

Translation:

Last week, we toured a carpet-weaving workshop in Kashan. Skilled women sat at wooden looms, tying knots. The master explained each color and pattern holds symbolic meaning. I learned how wool is dyed with natural colors like pomegranate peel. A young girl wove a floral and bird design that was breathtaking. In the afternoon, they let me tie a simple knot on a carpet. It was tough but fulfilling. At farewell, they gifted us a small rug. Mom said, "This art requires patience and love." Now, our home's carpet feels more precious.

Paragraph 28: A School Theater Play

Persian:

ماه گذشته در نمایش مدرسه نقش شاهزاده‌های از اشکانیان را
بازی کردم. متن را با کمک معلم ادبیات نوشتیم و دو هفته تمرین
کردیم. روز اجرا، لباس ابریشمی زرد و تاجی براق پوشیدم. هنگام
گفتن دیالوگها دستانم میلرزید، اما تشویقها اعتمادم کرد. صحنه‌ی
نبرد با شمشیرهای چوبی هیجان‌انگیز بود. دوستم نیما نقش وزیر
شرور را داشت و همه او را هو میکردند. بعد از نمایش،
خانواده‌ها گل هدیه دادند و عکس گرفتند. معلم گفت: «هنر توانایی
دیدن جهان از نگاه دیگران است.» این تجربه مرا به بازیگری
علاقهمند کرد.

Romanization:

*Mâh-e gozashte dar namâyesh-e madrese naqsh-e
shâhzâde-i az Ashkâniân râ bâzi kardam. Matn râ
bâ komak-e mo'allem-e adabiyât neveshtim va do
hafte tamrin kardim. Ruz-e ejrâ, lebâs-e
abrishami-ye zard va tâji-ye barâq pushidam.
Hengâm-e goftan-e diâlog-hâ dastânam milarzid,
ammâ tasviq-hâ etemâd-am kard. Sahne-ye nabard
bâ shamshir-hâ-ye choobi heyjân-angiz bud.
Doostam Nimâ naqsh-e vazir-e sharur râ dâsht va
hame ou râ hu mikardand. Ba'd az namâyesh,
khânevâde-hâ gol hedive dâdand va aks gereftand.
Mo'allem goft: «Honar tavânâyi-e didan-e jahân az
negâh-e digarân ast.» In tajrobe marâ be bâzigari
âlâqe-mand kard.*

Translation:

Last month, I played a Parthian prince in the school play. We wrote the script with our literature teacher and rehearsed for two weeks. On stage, I wore a yellow silk robe and a shiny crown. My hands shook during dialogues, but cheers boosted my confidence. The wooden sword battle scene thrilled the audience. My friend Nima played the evil minister, and everyone booed him. Afterward, families gave flowers and took photos. The teacher said, "Art is seeing the world through others' eyes." This experience sparked my love for acting.

Paragraph 29: A Bicycle Tour in a Village

Persian:

امروز با دوچرخه به روستایی نزدیک اصفهان رفتم. جاده‌ی خاکی از میان مزارع گندم و زعفران میگذشت. کشاورزان با لباسهای رنگارنگ مشغول درو بودند. یک پیرمرد مرا به خانه‌اش دعوت کرد و با نان محلی و پنیر از من پذیرایی کرد. بعدازظهر به چشمهای در دل کوه رسیدم و در آب سرد شنا کردم. هنگام برگشت، گله‌ی گوسفندان راه را بستند و مجبور شدم منتظر بمانم. غروب آفتاب روی کوهها طلایی بود و صدای زنگوله‌ها آرامشبخش. این سفر سادهترین و زیباترین تجربه‌ی تابستانم بود.

Romanization:

Emruz bâ do-charkhe be rustâyi nazdik-e Esfahân raftam. Jâde-ye khâki az miyân-e mazâre'e gandom va za'ferân migzasht. Kesâvarzân bâ lebâs-hâ-ye rangârang mashghul-e darow budand. Yek pir-mard marâ be khâne-ash da'vat kard va bâ nân-e mahalli va panir az man pazirâyi kard. Ba'd az zohr be cheshme-i dar del-e kuh residam va dar âb-e sard shenâ kardam. Hengâm-e bargasht, galle-ye gusfandân râh râ bastand va majbur shodam montazer bemânam. Ghorub-e âftâb roy-e kuh-hâ talâyi bud va sedâ-ye zangoule-hâ ârâmesh-bakhsh. In safar sâde-tarin va zibâ-tarin tajrobe-ye tâbestân-am bud.

Translation:

Today, I bicycled to a village near Isfahan. A dirt road cut through wheat and saffron fields. Farmers in colorful clothes harvested crops. An old man invited me to his home and served local bread and cheese. In the afternoon, I reached a mountain spring and swam in cold water. On the return, sheep blocked the path, forcing me to wait. The sunset turned the hills gold, and cowbells chimed softly. This simple trip was my most beautiful summer memory.

Paragraph 30: Celebrating Yalda Night

Persian:

امسال شب یلدا را با فامیل در خانه‌ی عمه برگزار کردیم. میز پر از انار، هندوانه، و آجیل بود. بزرگترها فال حافظ میگرفتند و برای نسل جوان تفسیر میکردند. من و دختر عمویم شعرهای سعدی را با هم خواندیم. پدربزرگ داستانهای قدیمی درباره‌ی زمستانهای سخت تعریف کرد. نیمه‌شب، به آسمان نگاه کردیم و ستاره‌ی شب یلدا را پیدا کردیم. صبح روز بعد، باقی مانده‌ی میوه‌ها را به همسایه‌ها هدیه دادیم. این شب به من یادآوری کرد که نور و گرمی همیشه بر تاریکی پیروز میشود.

Romanization:

Emsâl shab-e Yaldâ râ bâ fâmil dar khâne-ye amme bargozâr kardim. Miz por az anâr, hendevâne, va ajil bud. Bozorgtar-hâ fâl-e Hâfez migereftand va barâye nasl-e javân tafsir mikardand. Man va dokhtar-amouyam she'r-hâ-ye Sa'di râ bâ ham khândim. Pedar-bozorg dâstân-hâ-ye qadimi darbâre-ye zemestân-hâ-ye sakht ta'rif kard. Nimahshab, be âsemân negâh kardim va setâre-ye shab-e Yaldâ râ peydâ kardim. Sobh-e ruz-e ba'd, bâqi mânde-ye mive-hâ râ be hamsâye-hâ hedive dâdim. In shab be man yâdâvari kard ke nur va garmi hamishe bar târiki piruz mishavad.

Translation:

This year, we celebrated Yalda Night at my aunt's house with relatives. The table overflowed with pomegranates, watermelon, and nuts. Elders read

Hafez's poetry and explained it to the youth. My cousin and I recited Saadi's poems. Grandpa shared tales of harsh winters past. At midnight, we stargazed to find Yalda's constellation. The next morning, we gifted leftover fruits to neighbors. This night reminded me that light and warmth always conquer darkness.

Paragraph 31: A Zurkhaneh (Traditional Gym) Experience

Persian:

دیروز برای اولین بار به زورخانه‌ی محلی رفتیم. ساختمان قدیمی با گنبدی کوتاه و دیوارهای آجری بود. ورزشکاران با لباسهای سفید در وسط گود ایستاده بودند. مرشد با ضرب زنگ و خواندن شعرهای حماسی تمرین را شروع کرد. حرکاتشان ترکیبی از ورزش و رقص بود: میل زدن، سنگ گرفتن، و چرخیدن. صدای ضرب زورخانه انرژی عجیبی به فضای سالن میداد. بعد از گرم کردن، نوبت به پهلوان محلی رسید که با سنگهای بزرگ تمرین میکرد. من هم تلاش کردم میلهای چوبی را بلند کنم، اما بسیار سنگین بودند. مرشد گفت: «قدرت بدن مهم نیست، اراده مهم است.» بعد از تمرین، همه دور هم چای نوشیدیم و داستانهای پهلوانان قدیم را شنیدیم. این تجربه به من نشان داد ورزش فقط رقابت نیست، بلکه احترام و اخلاق هم هست.

Romanization:

Diruz barâye avalin bâr be zurkhâne-ye mahalli raftim. Sâkhtmân-e qadimi bâ gonbadi kutâh va divâr-hâ-ye ajri bud. Varzeshkârân bâ lebâs-hâ-ye sefid dar miyân-e gowd istâde budand. Morshed bâ zarb-e zang va khândan-e she'r-hâ-ye hemâsi tamrin râ shoru' kard. Harkat-e-shân tarkibi az varzesh va raghs bud: mil zadan, sang gereftan, va charkhidan. Sedâ-ye zarb-e zurkhâne energi-ye ajibi be fazâ-ye sâlân midâd. Ba'd az garm kardan, nobat be pahlavân-e mahalli resid ke bâ sang-hâ-ye bozorg tamrin mikard. Man ham talâsh kardam

*mil-hâ-ye choobi râ boland konam, ammâ besyâr
sangin budand. Morshed goft: «Qodrat-e badan
mohem nist, erâde mohem ast.» Ba'd az tamrin,
hame dur ham châi noshidim va dâstân-hâ-ye
pahlavânân-e qadim râ shenidim. In tajrobe be man
neshan dâd varzesh faqat raqabat nist, balke
ehterâm va akhlâq ham hast.*

Translation:

*Yesterday, I visited a local Zurkhaneh for the first
time. The old building had a short dome and brick
walls. Athletes in white stood around the sunken
arena. The morshed (leader) began the session by
ringing bells and reciting epic poetry. Their
movements blended exercise and dance: swinging
wooden clubs, lifting stones, and spinning. The
rhythm of the drum filled the hall with energy. After
warm-ups, the local champion practiced with heavy
stones. I tried lifting the clubs but found them too
heavy. The morshed said, "Strength isn't
key—willpower is." Post-workout, we drank tea and
heard tales of ancient heroes. This experience
taught me sports aren't just competition—they're
respect and ethics too.*

Paragraph 32: Celebrating Chaharshanbe Suri

Persian:

شب چهارشنبه‌سوری، محلهی ما پر از آتش و شادی بود. از بعدازظهر، جوانان هیزم جمع میکردند و آتشهای کوچک میساختند. غروب که شد، همه از روی آتش پریدیم و خواندیم: «زردی من از تو، سرخی تو از من!» بعد ترقه‌بازی شروع شد و آسمان با نور رنگارنگ شد. مادرم آجیل مخصوص چهارشنبه‌سوری را آماده کرده بود: تخمه، بادام، و کشمش. پدربزرگ فالگوش ایستاد و آرزوهای ما را از صحبتهای رهگذران حدس زد! نیمه‌شب، به خانهی همسایه رفتیم و قاشق‌زنی کردیم. آنها شیرینی و شکلات داخل ظرفمان ریختند. این شب پر از نور و خنده به من یادآوری کرد که بهار نزدیک است.

Romanization:

Shab-e Chahârshanbe Suri, mâhalle-ye mâ por az âtash va shâdi bud. Az ba'd az zohr, javânân heyjam jam' mikardand va âtash-hâ-ye kuchek misâkhtand. Ghorub ke shod, hame az roy-e âtash paridim va khândim: «Zardi-ye man az to, sorxi-ye to az man!» Ba'd toraqe-bâzi shoru' shod va âsemân bâ nur-e rangârang shod. Mâdaram ajil-e makhsus-e Chahârshanbe Suri râ âmâde karde bud: tokhm-e, bâdâm, va keshmesh. Pedar-bozorg fâl-guosh istâd va ârezuhâ-ye mâ râ az sohbat-hâ-ye rahgozarân hads zad! Nimahshab, be khâne-ye hamsâye raftim va qâshoq-zani kardim. Ânhâ shirini va shokolât dâkhel-e zarf-e-mân

*rikhtand. In shab-e por az nur va khande be man
yâdâvari kard ke bahâr nazdik ast.*

Translation:
 *On Chaharshanbe Suri, our neighborhood buzzed
with bonfires and joy. From afternoon, youth
gathered wood for small fires. At dusk, we jumped
over flames chanting, "My paleness to you, your
redness to me!" Fireworks lit the sky. Mom
prepared special nuts: seeds, almonds, and raisins.
Grandpa eavesdropped on strangers' conversations
to guess our wishes! At midnight, we
"spoon-banged" at neighbors' doors. They filled
our bowls with sweets. This luminous night
reminded me spring is near.*

Paragraph 33: Pottery Class in Meybod

Persian:

هفتهی گذشته در کلاس سفالسازی در میبد شرکت کردم. خاک
رس محلی را با آب مخلوط کردیم و گل نرمی ساختیم. استاد گفت
ظرفها باید در کورهی سنتی پخته شوند. من یک کاسهی ساده
درست کردم و با نخ دندان طرحهای هندسی کشیدم. دختری کنارم
گلدانی به شکل پرنده میساخت که بسیار زیبا بود. بعدازظهر، به
کارگاه کاشیسازی رفتیم و رنگهای فیروزهای را روی کاشیها
آزمودیم. هنگام خداحافظی، استاد یکی از کاسههای من را برای
پختن در کوره نگه داشت. فردا میخواهم با رنگآمیزی آن را تزیین
کنم. این هنر به من یاد داد حتی چیزهای ساده هم میتوانند بینظیر
باشند.

Romanization:

*Hafte-ye gozashte dar kelâs-e sofâl-sâzi dar
Meybod sherkat kardim. Khâk-e ros-e mahalli râ bâ
âb makhlut kardim va gol-e narmi sâkhtim. Ostâd
goft zarf-hâ bâyad dar kure-ye sonnati pokhte
shavand. Man yek kâse-ye sâde dorost kardam va
bâ nakh-e dandân tarh-hâ-ye hendesi keshidam.
Dokhtari kenâram galdâni be shakl-e parande
misâkht ke besyâr zibâ bud. Ba'd az zohr, be
kârgâh-e kâshi-sâzi raftim va rang-hâ-ye firuze-i râ
roy-e kâshi-hâ âzmudim. Hengâm-e khodâhâfezi,
ostâd yeki az kâse-hâ-ye man râ barâye pokhtan dar
kure negah dâsht. Fardâ mikhâham bâ rang-âmizi
ân râ taz'in konam. In honar be man yâd dâd hattâ
chiz-hâ-ye sâde ham mitavânand bi-nazir bâshand.*

Translation:

Last week, I joined a pottery class in Meybod. We mixed local clay with water to form soft dough. The teacher said pieces must bake in traditional kilns. I shaped a simple bowl and carved geometric patterns with a thread. A girl beside me crafted a bird-shaped vase. In the afternoon, we tested turquoise glazes on tiles. At farewell, the teacher kept one of my bowls to fire. Tomorrow, I'll paint it. This art taught me even simple things can be extraordinary.

Paragraph 34: A Day in Fin Garden, Kashan

Persian:

امروز به باغ فین کاشان، میراث جهانی یونسکو، رفتیم. جویهای آب زلال از میان درختان سرو و گلهای رز میگذشت. عمارت قاجاری با پنجرههای ارسی رنگارنگ نظر مرا جلب کرد. راهنما توضیح داد سیستم آبیاری باغ از قناتهای باستانی است. در حوض مرکزی، ماهیهای قرمز بین برگهای نیلوفر آبی شنا میکردند. ناهار را در سایهی درختان چنار خوردیم و چای نعناع نوشیدیم. بعدازظهر، از موزهی ملی آب دیدن کردیم و ابزار قدیمی کشاورزی را دیدیم. هنگام غروب، صدای پرندگان و زمزمهی آب آرامشبخش بود. این باغ به من نشان داد طبیعت و معماری چطور میتوانند هماهنگ باشند.

Romanization:

Emruz be Bâgh-e Fin-e Kâshân, mirâs-e jahâni-ye UNESCO, raftim. Juy-hâ-ye âb-e zolâl az miyân-e derakhtân-e sarv va gol-hâ-ye roz migzasht. Emârat-e Qâjâri bâ panjere-hâ-ye orsi-ye rangârang nazar-e marâ jalb kard. Râhnemâ tozih dâd sistem-e âbyâri-e bâgh az qanât-hâ-ye bâstâni ast. Dar howz-e markazi, mâhi-hâ-ye ghermez beyne barg-hâ-ye nilufar-e âbi shenâ mikardand. Nâhâr râ dar sâye-ye derakhtân-e chanâr khordim va châi-e na'nâ' noshidim. Ba'd az zohr, az muze-ye melli-ye âb didan kardim va abzâr-e qadimi-ye kesâvarzi râ didim. Hengâm-e ghorub, sedâ-ye parandegân va zamzame-ye âb ârâmesh-bakhsh bud. In bâgh be man neshan dâd tabi'at va me'mâri chetor mitavânand hamâhang bâshand.

Translation:

Today, we visited Fin Garden in Kashan, a UNESCO site. Crystal streams flowed through cypress trees and roses. A Qajar-era pavilion with stained-glass windows caught my eye. The guide explained the irrigation system uses ancient qanats. Red fish swam among lotus leaves in the central pool. We ate lunch under plane trees and drank mint tea. Later, we toured the Water Museum and saw old farming tools. At dusk, birdsong and water whispers brought peace. This garden showed me how nature and architecture harmonize.

Paragraph 35: A Persian Wedding Ceremony

Persian:

دیروز در مراسم عروسی پسرعمویم شرکت کردم. عروس و داماد روی صندلیهای تزیینشدهی «کجاوه» نشسته بودند. سفرهی عقد با آیینه، شمع، و نبات چیده شده بود. زنان با سینیهای گلاب و نقل از مهمانها پذیرایی میکردند. گروه موسیقی با دف و تار آهنگهای شاد مینواخت و همه میرقصیدند. نیمهشب، کیک عروسی را بریدند و عروس دستهگلش را به دختران انداخت. صبح روز بعد، «پاتختی» را به خانهی جدیدشان بردیم و هدیهها را چیدیم. این مراسم پر از رنگ، موسیقی، و مهربانی به من یادآوری کرد عشق پایهی همهی فرهنگهاست.

Romanization:

Diruz dar marâsem-e arousi-ye pesar-amouyam sherkat kardim. Arous va dâmâd roy-e sandali-hâ-ye taz'in-shode-ye «kojâve» neshaste budand. Sofre-ye aqd bâ âyine, sham', va nabât chide shode bud. Zanân bâ sini-hâ-ye golâb va noql az mehmân-hâ pazirâyi mikardand. Goruh-e musiqi bâ def va târ âhang-hâ-ye shâd minavâkht va hame miraghsidand. Nimahshab, keyk-e arousi râ boridand va arous daste-gol-ash râ be dokhtarân andâkht. Sobh-e ruz-e ba'd, «pâtakhti» râ be khâne-ye jadid-e-shân bordim va hediyye-hâ râ chidim. In marâsem-e por az rang, musiqi, va mehrabâni be man yâdâvari kard eshq pâye-ye hame-ye farhang-hâst.

Translation:

Yesterday, I attended my cousin's Persian wedding. The couple sat on ornate "kajaveh" chairs. The wedding spread held a mirror, candles, and sugar cones. Women sprinkled rosewater and handed sweets. Musicians played joyful tunes on daf and tar, and guests danced. At midnight, they cut the cake, and the bride tossed her bouquet. The next morning, we moved gifts to their new home. This vibrant ceremony reminded me love unites all cultures.

Paragraph 36: A Miniature Painting Workshop

Persian:

امروز در کلاس نقاشی مینیاتور شرکت کردم. استاد گفت این هنر از دورهی ایلخانیان در ایران رواج یافته است. ابتدا کاغذ ابری را با رنگهای طبیعی مثل زعفران و لاجورد آماده کردیم. بعد قلمموی بسیار نازکی برداشتم و طرحی از گل و بلبل کشیدم. استاد توضیح داد هر رنگ در مینیاتور معنای خاصی دارد: آسمان طلایی نشانهی نور الهی است. بعدازظهر، روی جزئیات کار کردم و برگها را با خطوط طلایی تزیین دادم. دختری کنارم صحنهای از شاهنامه را میکشید که پر از جزئیات بود. هنگام پایان کار، نقاشی را با لاک مخصوص پوشاندیم تا ماندگار شود. این هنر به من یاد داد که صبر و ظرافت چقدر مهم هستند.

Romanization:

 Emruz dar kelâs-e naqâshi-ye miniyâtur sherkat kardam. Ostâd goft in honar az dowre-ye Ilkhâniyân dar Irân ravâj yâfte ast. Ebtedâ kâghaz-e abri râ bâ rang-hâ-ye tabi'i mesl-e za'ferân va lâjvard âmâde kardim. Ba'd qalam-mowi besyâr nâzok-i bardâshtam va tarhi az gol va bolbol keshidam. Ostâd tozih dâd har rang dar miniyâtur ma'nâ-ye khâssi dârad: âsemân-e talâyi nesâne-ye nur-e elâhi ast. Ba'd az zohr, roy-e joz'iyât kâr kardam va barg-hâ râ bâ khatt-hâ-ye talâyi taz'in dâdam. Dokhtari kenâram sahne-i az Shâhnâme râ mikeshid ke por az joz'iyât bud. Hengâm-e pâyân-e kâr, naqâshi râ bâ lâk-e makhsus pushândim tâ mândegâr shavad. In honar be man yâd dâd ke sabr va zarâfat cheqad mohemm and.

Translation:

Today, I joined a miniature painting class. The teacher said this art has flourished in Iran since the Ilkhanate era. First, we prepared marbled paper with natural dyes like saffron and lapis lazuli. Then, I took a fine brush and sketched a nightingale and flowers. The teacher explained each color's symbolism: golden skies represent divine light. In the afternoon, I added details and gilded the leaves. A girl nearby painted a Shahnameh scene filled with intricacies. At the end, we varnished the artwork for preservation. This art taught me patience and precision.

Paragraph 37: A Desert Safari in Lut Desert

Persian:

هفتهی گذشته به کویر لوت، گرمترین نقطهی زمین، سفر کردیم. جیپسواری روی تپههای شنی بلند پر از هیجان بود. شب در کمپی با چادرهای سنتی ماندیم و آسمان پرستاره را تماشا کردیم. روز بعد، به کلوتهای عظیم رفتیم که باد آنها را مثل مجسمه تراشیده بود. گرمای هوا به ۶۰ درجه رسید، اما زیبایی کویر فراموشنشدنی بود. شب دوم، آتش روشن کردیم و داستانهای افسانهای شنیدیم. صبح زود به دنبال ردپای جانوران کویری مثل آگاما گشتیم. این سفر به من نشان داد طبیعت حتی در سختترین شرایط هم شکوهمند است.

Romanization:

Hafte-ye gozashte be kavir-e Lut, garmtarin nogte-ye zamin, safar kardim. Jeep-savâri roy-e tape-hâ-ye sheni-ye boland por az heyjân bud. Shab dar kamp-i bâ châdor-hâ-ye sonnati mândim va âsemân-e por-setâre râ tamâshâ kardim. Ruz-e ba'd, be kalut-hâ-ye azim raftim ke bâd ânhâ râ mesl-e mojasame tarâshide bud. Garmâ-ye havâ be 60 daraje resid, ammâ zibâyi-ye kavir farâmushesh-nedâni bud. Shab-e dovvom, âtash rowshan kardim va dâstân-hâ-ye afsâne-i shenidim. Sobh-e zud be donbâl-e radpâ-ye javârân-e kaviri mesl-e âgâmâ gashtim. In safar be man neshan dâd tabi'at hattâ dar sakht-tarin sharâyet ham shekohmand ast.

Translation:

Last week, I traveled to the Lut Desert, Earth's hottest place. Jeep rides over towering dunes were thrilling. We camped in traditional tents under starry skies. The next day, we explored massive kaluts—wind-carved sculptures. Temperatures hit 60°C, but the desert's beauty was unforgettable. On the second night, we shared legends around a fire. At dawn, we tracked desert creatures like agama lizards. This trip showed me nature's grandeur in extreme conditions.

Paragraph 38: Preparing Haft-Seen for Nowruz

Persian:

امسال تصمیم گرفتم سفره‌ی هفتسین را خودم بچینم. سمنو را از هفتهی قبل پختم و سبزه را روی پارچهی ابریشمی پرورش دادم. سیب، سیر، و سرکه را کنار سکه و آیینه گذاشتم. مادرم گفت باید کتاب حافظ هم روی سفره باشد تا خوشیمنی بیاورد. بعد سماور را روشن کردم و تخمرغهای رنگی را کنار ماهی قرمز گذاشتم. خواهرم یک نقاشی از فرشتگان روی سفره کشید. پدربزرگ ساعت تحویل سال را با صدای زنگ ساعت کوک کرد. وقتی همه چیز آماده شد، احساس غرور کردم. این سفره نهفقط یک سنت، بلکه نماد امید و تولد دوباره است.

Romanization:

Emsâl tasmim gereftam sofre-ye Haft-Sin râ khodam bechinam. Samanu râ az hafte-ye qabl pokhtam va sabze râ roy-e pârche-ye abrishami parvaresh dâdam. Sib, sir, va serke râ kenâr-e sekke va âyine gozâshtam. Mâdaram goft bâyad ketâb-e Hâfez ham roy-e sofre bâshad tâ khosh-imni biyâvarad. Ba'd samovar râ rowshan kardam va toxm-morgh-hâ-ye rangi râ kenâr-e mâhi-ye ghermez gozâshtam. Khâharam yek naqâshi az fereshtegân roy-e sofre keshid. Pedar-bozorg sâ'at-e tahvil-e sâl râ bâ sedâ-ye zang-e sâ'at-e kuk kard. Vaghti hame chiz âmâde shod, ehsâs-e ghorur kardam. In sofre na-faqat yek sonnat, balke nemâd-e omid va tavallod-e dobâre ast.

Translation:

This year, I set the Haft-Seen table myself. I cooked samanu a week prior and sprouted greens on silk cloth. I placed apples, garlic, vinegar, coins, and a mirror. Mom insisted on Hafez's poetry book for blessings. I lit the samovar and added painted eggs and a goldfish. My sister drew angels on the tablecloth. Grandpa synced the clock for the New Year moment. When done, I felt proud. This spread isn't just tradition—it's hope and rebirth.

Paragraph 39: A Sufi Whirling Ceremony in Shiraz

Persian:

دیروز در مراسم سماع در شیراز شرکت کردم. درویشان لباسهای سفید بلند پوشیده بودند و به آرامی میچرخیدند. موسیقی نی و دف فضای سالن را پر از انرژی روحانی کرده بود. استاد مراسم گفت چرخش نماد رهایی از خود و رسیدن به حقیقت است. بعد از مدتی، همه ساکت شدند و فقط صدای پاهای چرخان روی زمین میآمد. ناگهان احساس کردم زمان متوقف شده و همهچیز پر از آرامش است. بعد از پایان مراسم، به درویشی جوان نزدیک شدم و از تجربهاش پرسیدم. او گفت: «این راهی برای نزدیک شدن به خداست.» این تجربه مرا به تفکر دربارهی معنای زندگی واداشت.

Romanization:

Diruz dar marâsem-e samâ' dar Shirâz sherkat kardim. Darvishân lebâs-hâ-ye sefid-e boland pushide budand va be ârâmi micharkhidand. Musiqi-ye ney va def fazâ-ye sâlân râ por az energi-ye ruhâni karde bud. Ostâd-e marâsem goft charakhsh nesâd-e rahâyi az khod va residan be haqiqat ast. Ba'd az modati, hame sâket shodand va faqat sedâ-ye pâ-hâ-ye charakhân roy-e zamin miyâmad. Nâgahân ehsâs kardam zamân motavaghef shode va hame-chiz por az ârâmesh ast. Ba'd az pâyân-e marâsem, be darvishi-ye javân nazik shodam va az tajrobe-ash porsidam. Ou goft: «In râhi barâye nazdik shodan be Khodâst.» In

*tajrobe marâ be tafakor darbâre-ye ma'nâ-ye
zendegi vâdâsht.*

Translation:
 *Yesterday, I attended a Sufi whirling ceremony in
Shiraz. Dervishes in long white robes spun
gracefully. Ney and daf music filled the hall with
spiritual energy. The master said whirling
symbolizes shedding ego to reach truth. Silence fell,
leaving only the sound of spinning feet. Suddenly,
time seemed to pause, and peace enveloped
everything. Afterward, I asked a young dervish
about his journey. He said, "This is a path to draw
closer to God." This experience made me reflect on
life's purpose.*

Paragraph 40: Exploring the Village of Masuleh

Persian:

امروز به روستای ماسوله در جنگلهای شمال رفتیم. خانهها پلکانی روی کوه ساخته شده بودند و پشت بام هر خانه حیاط خانهی بالایی بود. مردم محلی با لباسهای گیلانی از ما با چای و مربای آلو پذیرایی کردند. بعدازظهر به جنگل ابر رفتم و از میان ابرها راه رفتیم. صدای جویبارها و پرندگان آرامش عجیبی داشت. عصر در بازارچهی روستا، صنایع دستی مثل نمد و حصیر خریدم. پیرمردی داستانهای قدیمی دربارهی جنگیلها و ارواح جنگل تعریف کرد. شب در مهمانخانهای چوبی ماندیم و ماهی سفید خوریم. فردا صبح با مه غلیظی بیدار شدیم که کل روستا را پوشانده بود. این سفر مرا به سادگی و صلح طبیعت پیوند داد.

Romanization:

Emruz be rustâ-ye Mâsule dar jangal-hâ-ye shomâl raftim. Khâne-hâ palakâni roy-e kuh sâkhte shode budand va posht-e bâm-e har khâne hayât-e khâne-ye bâlâyi bud. Mardom-e mahalli bâ lebâs-hâ-ye Gilâni az mâ bâ châi va morabbâ-ye âlu pazirâyi kardand. Ba'd az zohr be jangal-e Abr raftam va az miyân-e abr-hâ râh raftim. Sedâ-ye juybâr-hâ va parandegân ârâmesh-e ajibi dâsht. Asr dar bâzârche-ye rustâ, sanâye'e dasti mesl-e namad va hasir kharidam. Pir-mardi dâstân-hâ-ye qadimi darbâre-ye Jangali-hâ va arvâh-e jangal ta'rif kard. Shab dar mehmânkhâne-i choobi mândim va mâhi-ye sefid khordim. Fardâ sobh bâ

*meq-e ghalizi bidâr shodim ke kol-e rustâ râ
pushânde bud. In safar marâ be sâdegi va solh-e
tabi'at peyvand dâd.*

Translation:
*Today, we visited Masuleh village in northern
forests. Stepped houses clung to the mountain, each
roof serving as the courtyard above. Locals in
Gilani attire welcomed us with tea and plum jam. In
the afternoon, we trekked through the "Cloud
Forest," surrounded by mist. Streams and birdsong
brought tranquility. At the village market, I bought
felt and woven crafts. An elder shared tales of forest
spirits. We stayed in a wooden guesthouse and ate
smoked fish. Morning fog veiled the village. This
trip connected me to nature's simplicity and peace.*

Paragraph 41: Traditional Boat Building in the Caspian Region

Persian:

در روستاهای ساحل دریای خزر، ساختن قایقهای چوبی هنری قدیمی است. مردان محلی از چوب درختان بلوط و توسکا برای ساخت قایق استفاده میکنند. ابتدا تنهی درخت را با تبر به شکل قایق تراش میدهند. بعد، با دریل دستی سوراخهایی برای میخهای چوبی ایجاد میکنند. قایقها را با روغن کتان ضد آب میکنند تا در برابر امواج مقاوم باشند. پدربزرگم گفت این روش از پدرانش به او منتقل شده است. یک قایق متوسط حدود دو ماه زمان میبرد تا آماده شود. آخر هفته، به کارگاه رفتم و مراحل ساخت را تماشا کردم. بوی چوب تراشیده شده و صدای چکش فضای کارگاه را پر کرده بود. بعد از پایان کار، قایق را به آب انداختند و ماهیگیران آن را آزمایش کردند. این هنر به من یادآوری کرد که سنتها چقدر ارزشمندند.

Romanization:

 Dar rustâ-hâ-ye sâhel-e daryâ-ye Khazar, sâkhtan-e qâyeq-hâ-ye choobi honari qadimi ast. Mardân-e mahalli az choob-e derakhtân-e balout va tuskâ barâye sâkht-e qâyeq estefâde mikonand. Ebtedâ taneye derakht râ bâ tabar be shakl-e qâyeq tarâsh midahand. Ba'd, bâ deril-e dasti surâkh-hâyi barâye mikh-hâ-ye choobi ijâd mikonand. Qâyeq-hâ râ bâ roghan-e katân zod-âb mikonand tâ dar barâbar-e amvâj moqâvem bâshand. Pedar-bozorgam goft in ravesh az pedarân-ash be ou montaghel shode ast. Yek qâyeq-e motevaset

*hedoud-e do mâh zamân mibârad tâ âmâde shavad.
Âkhar-e hafte, be kârgâh raftam va marâhel-e sâkht
râ tamâshâ kardam. Buy-e choob-e tarâshide shode
va sedâ-ye chekosh fazâ-ye kârgâh râ por karde
bud. Ba'd az pâyân-e kâr, qâyeq râ be âb
andâkhtand va mâhigirân ân râ âzmâyesh kardand.
In honar be man yâdâvari kard ke sonnat-hâ
cheqad arzeshmandand.*

Translation:

*In Caspian coastal villages, wooden boat-building
is an ancient craft. Locals use oak and alder wood
to construct boats. First, they carve tree trunks into
boat shapes with axes. Then, hand drills create
holes for wooden pegs. Boats are waterproofed with
linseed oil to withstand waves. My grandfather said
this method was passed down from his ancestors. A
medium-sized boat takes two months to complete.
Over the weekend, I visited a workshop and
watched the process. The smell of carved wood and
hammering filled the air. After completion, the boat
was launched, and fishermen tested it. This craft
reminded me of tradition's enduring value.*

Paragraph 42: Celebrating Sizdah Bedar

Persian:

روز سیزدهبدر، خانوادهها به دامان طبیعت میروند تا بدیمنی را دور کنند. ما سبدی پر از غذا، سبزهی هفتسین، و اسباببازی برداشتیم. پارکی کنار رودخانه را انتخاب کردیم و زیر درختان چنار پیکنیک زدیم. سبزهها را به آب انداختیم و آرزو کردیم سالی پر از خیر داشته باشیم. بچهها با بادکنکها بازی میکردند و بزرگترها تختهنرد میزدند. بعدازظهر، به کوهپایه رفتیم و از گلهای وحشی عکس گرفتیم. عصر هنگام، آتش کوچکی روشن کردیم و باقالیپلو خوردیم. پدربزرگ گفت این رسم از ایران باستان به یادگار مانده است. هنگام برگشت، زبالهها را جمع کردیم تا طبیعت تمیز بماند. این روز به من یاد داد که بهار تنها فصل تجدید طبیعت نیست، بلکه تجدید روحیهی ماست.

Romanization:

Ruz-e Sizdah Bedar, khânevâde-hâ be dâmân-e tabi'at miravand tâ bad-minu râ dur konand. Mâ sabadi por az ghazâ, sabze-ye Haft-Sin, va asbâb-bâzi bardâshtim. Pârki kenâr-e rudkhâne râ entekhâb kardim va zir-e derakhtân-e chanâr piknik zadim. Sabze-hâ râ be âb andâkhtim va ârezou kardim sâli por az kheir dâshte bâshim. Bache-hâ bâ bâdkonak-hâ bâzi mikardand va bozorgtar-hâ takhte-nard mizadand. Ba'd az zohr, be kuh-pâye raftim va az gol-hâ-ye vahshi aks gereftim. Asr hengâm, âtash-e kucheki rowshan kardim va bâqâli-polow khordim. Pedar-bozorg goft in rasm az Irân-e bâstân be yâdegâr mânde ast. Hengâm-e bargasht, zobâle-hâ râ jam' kardim tâ tabi'at tamiz

*bemânad. In ruz be man yâd dâd ke bahâr tanhâ
fasl-e tajdid-e tabi'at nist, balke tajdid-e ruhiyye-ye
mâst.*

Translation:

*On Sizdah Bedar, families picnic outdoors to ward
off bad luck. We packed food, Haft-Sin greens, and
toys. We chose a riverside park and picnicked under
plane trees. We tossed greens into the water, wishing
for a prosperous year. Kids played with balloons
while adults played backgammon. In the afternoon,
we hiked foothills and photographed wildflowers. At
dusk, we lit a small fire and ate rice with fava
beans. Grandpa said this ritual dates back to
ancient Persia. Leaving, we cleaned trash to protect
nature. This day taught me spring renews not just
nature, but our spirits too.*

Paragraph 43: Exploring Persepolis

Persian:

امروز از تخت جمشید، پایتخت باشکوه هخامنشیان، دیدن کردیم. راهنما توضیح داد این شهر ۲۵۰۰ سال پیش ساخته شده است. از دروازهی ملل وارد شدیم و مجسمههای عظیم گاوهای بالدار را دیدیم. در کاخ آپادانا، نقوش برجستهی سربازان و هدیهآوران از کشورهای مختلف حیرتانگیز بود. روی پلکانها، رد چرخ ارابههای قدیمی هنوز قابل مشاهده بود. بعدازظهر، به موزهی سایت رفتیم و مجسمههای شکستهشده را بررسی کردیم. استاد باستانشناسی گفت تخت جمشید نماد صلح و اتحاد فرهنگهاست. هنگام غروب، نور خورشید روی ستونها طلایی میشد و عکسهای بینظیری گرفتیم. این بازدید مرا به عظمت تاریخ ایران افتخارآمیز کرد.

Romanization:

Emruz az Takht-e Jamshid, pâyetakht-e bâshokuh-e Hakhâmaneshiyân, didan kardim. Râhnemâ tozih dâd in shahr 2500 sâl-e pish sâkhte shode ast. Az darvâze-ye Melal vâred shodim va mojasame-hâ-ye azim-e gâv-hâ-ye bâldâr râ didim. Dar kâkh-e Âpâdânâ, noghush-e barjaste-ye sarbâzân va hadiye-âvarân az keshvar-hâ-ye motevâliet hayrat-angiz bud. Roy-e pelakân-hâ, rad-e charkh-e arâbe-hâ-ye qadimi hanuz qâbel-e mosâhede bud. Ba'd az zohr, be muze-ye sâit raftim va mojasame-hâ-ye shekaste-shode râ barresi kardim. Ostâd-e bâstân-shenâsi goft Takht-e Jamshid nemâd-e solh va ettehâd-e farhang-hâst. Hengâm-e ghorub, nur-e khorshid roy-e sotun-hâ talâyi mishod va aks-hâ-ye bi-naziri gereftim. In bâzdid marâ be azamat-e târikh-e Irân eftekhâr-âmiz kard.

Translation:
Today, we visited Persepolis, the majestic Achaemenid capital. The guide explained this city was built 2,500 years ago. We entered through the Gate of Nations, marveling at winged bull statues. At Apadana Palace, reliefs of soldiers and tribute-bearers awed us. Ancient chariot wheel marks still visible on staircases. In the afternoon, we examined broken statues at the site museum. An archaeologist said Persepolis symbolizes peace and cultural unity. At sunset, golden light bathed the columns, and we took stunning photos. This visit filled me with pride in Iran's grandeur.

Paragraph 44: A Day in Tabriz Spice Bazaar

Persian:

بازار ادویهی تبریز پر از عطر زعفران، دارچین، و هل بود. فروشندههها ادویهها را در کیسههای رنگی چیده بودند. من با دیدن رنگهای زرد زردچوبه و قرمز پاپریکا هیجانزده شدم. یک پیرمرد روش آسیاب کردن فلفل سیاه با هاون سنتی را نشانم داد. بعد، چای مخصوصی با ترکیب دارچین و زنجبیل به من تعارف کرد. زنی کنار غرفهاش مربای گل سرخ میفروخت و بوی آن محشر بود. برای مادرم زعفران خالص و برای خودم ادویهی کباب خریدم. هنگام ترک بازار، یک بسته آجیل شیرین با پسته و بادام هدیه گرفتم. این بازار نهفقط یک مرکز خرید، بلکه موزهای از فرهنگ و تاریخ بود.

Romanization:

Bâzâr-e adviye-ye Tabriz por az atr-e za'ferân, dârchin, va hal bud. Forushande-hâ adviye-hâ râ dar kise-hâ-ye rangi chide budand. Man bâ didan-e rang-hâ-ye zard-e zardchube va ghermez-e pâprikâ heyjân-zade shodam. Yek pir-mard ravesh-e âsiyâb kardan-e felfel-e siyâh bâ hâvan-e sonnati râ neshan-am dâd. Ba'd, châi-e makhsusi bâ tarkib-e dârchin va zanjabil be man ta'ârof kard. Zan-i kenâr-e qarfe-ash morabbâ-ye gol-e sorx miforusht va buy-e ân mo'neshar bud. Barâye mâdaram za'ferân-e khâles va barâye khodam adviye-ye kabâb kharidam. Hengâm-e tark-e bâzâr, yek baste ajil-e shirin bâ pesto va bâdâm hedive gereftam. In bâzâr na-faqat yek markaz-e kharid, balke muze-i az farhang va târikh bud.

Translation:

Tabriz Spice Bazaar overflowed with saffron, cinnamon, and cardamom scents. Vendors displayed spices in colorful sacks. I marveled at turmeric's yellow and paprika's red. An elder demonstrated grinding black pepper with a stone mortar. He then offered me cinnamon-ginger tea. A woman sold rose petal jam, its aroma divine. I bought pure saffron for Mom and kebab spices for myself. Leaving, I received sweet nuts as a gift. This bazaar isn't just a market—it's a museum of culture and history.

Paragraph 45: Rosewater Festival in Kashan

Persian:

در ماه اردیبهشت به کاشان رفتیم تا جشنواره‌ی گلابگیری را
ببینیم. مزارع گل محمدی پر از گلهای صورتی خوشبو بود. زنان
محلی سبدهای گل را به دیگهای مسی بزرگ میریختند. بعد، با گرم
کردن دیگها، عرق گل گرفته و به بطریها منتقل میشد. بوی گلهای
تازه و بخار گلاب هوش از سر میبرد. بعدازظهر، در کارگاه
شرکت کردیم و خودمان گلاب درست کردیم. پیرمردی روش
سنتی تقطیر را با دقت به ما آموزش داد. شب در میدان اصلی
شهر، موسیقی محلی و رقصهای گروهی اجرا شد. صبح روز بعد،
بطریهای گلاب را به عنوان سوغتی خریدیم. این جشنواره حس
غرور به فرهنگ و طبیعت ایران را در من زنده کرد.

Romanization:

*Dar mâh-e Ordibehesht be Kâshân raftim tâ
jashnvâre-ye Golâb-giri râ bebinim. Mazâre'e gol-e
Mohammadi por az gol-hâ-ye surati khoshbu bud.
Zanân-e mahalli sabad-hâ-ye gol râ be dig-hâ-ye
mes-e bozorg mirikhtand. Ba'd, bâ garm kardan-e
dig-hâ, araq-e gol gerefte va be botri-hâ montaghel
mishod. Buy-e gol-hâ-ye tâze va bokhâr-e golâb
hush az sar mibord. Ba'd az zohr, dar kârgâh
sherkat kardim va khodemân golâb dorost kardim.
Pir-mardi ravesh-e sonnati-e taqtir râ bâ daqqat be
mâ âmuzesh dâd. Shab dar meydân-e asli-ye shahr,
musiqi-ye mahalli va raghs-hâ-ye goruhi ejrâ shod.
Sobh-e ruz-e ba'd, botri-hâ-ye golâb râ be onvân-e
suvveniri kharidim. In jashnvâre hes-e ghorur be
farhang va tabi'at-e Irân râ dar man zende kard.*

Translation:

In May, we attended Kashan's Rosewater Festival. Damask rose fields bloomed fragrant and pink. Locals poured petals into large copper vats. Heating the vats distilled rosewater into bottles. The scent of fresh blooms and steam was intoxicating. In the afternoon, we joined a workshop to make rosewater. An elder meticulously taught us traditional distillation. At night, folk music and dances filled the town square. The next morning, we bought bottles as souvenirs. This festival reignited my pride in Iran's culture and nature.

Paragraph 46: Traditional Qanat Irrigation System

Persian:

قناتهای ایران یکی از شاهکارهای مهندسی باستان هستند که آب را از دل کوهها به شهرها میرسانند. پدربزرگم تعریف کرد اجدادش برای ساخت قنات ماهها در تونلهای زیرزمینی کار میکردند. ابتدا مادرچاه را حفر میکردند تا به سفرهی آب زیرزمینی برسند. سپس با محاسبهی دقیق شیب، کانالهایی به طول کیلومترها ایجاد میشد. هر قنات چندین چاه داشت تا هوا و نور برای کارگران فراهم شود. امروز در یزد از قنات زارچ دیدن کردیم که هنوز فعال است. راهنما گفت این قنات ۸۰ کیلومتر طول دارد و ۳۰۰۰ سال قدمت دارد. بعدازظهر، در کارگاه آموزشی شرکت کردیم و مدل کوچکی از قنات ساختیم. این سیستم به من یادآوری کرد که نیاکان ما چقدر به طبیعت احترام میگذاشتند.

Romanization:

Qanât-hâ-ye Irân yeki az shâhkâr-hâ-ye mohandesi-ye bâstân hastand ke âb râ az del-e kuh-hâ be shahr-hâ mirasânand. Pedar-bozorgam ta'rif kard ajdâd-ash barâye sâkht-e qanât mâh-hâ dar tunel-hâ-ye zirzamini kâr mikardand. Ebtedâ mâdar-châh râ hafr mikardand tâ be safhe-ye âb-e zirzamini berasand. Sepas bâ mohâsebe-ye daqiq-e shib, kânâl-hâyi be tul-e kilomater-hâ ijâd mishod. Har qanât chandin châh dâsht tâ havâ va nur barâye kârgarân farâham shavad. Emruz dar Yazd az qanât-e Zârch didan kardim ke hanuz fa'âl ast. Râhnemâ goft in qanât 80 kilometr tul dârad va

3000 sâl qedmat dârad. Ba'd az zohr, dar kârgâh-e âmuzeshi sherkat kardim va model-e kucheki az qanât sâkhtim. In sistem be man yâdâvari kard ke niyâkân-e mâ cheqad be tabi'at ehterâm migozâshtand.

Translation:

Iran's qanats are ancient engineering marvels that channel water from mountains to cities. My grandfather shared how his ancestors dug underground tunnels for months. They first excavated mother wells to reach aquifers. Precise slope calculations guided kilometers-long channels. Each qanat had air shafts for workers. Today, we visited the still-active Zarch Qanat in Yazd. The guide said it spans 80 km and is 3,000 years old. In the afternoon, we built a miniature qanat model in a workshop. This system reminded me of our ancestors' respect for nature.

Paragraph 47: A Day at an Iranian Cinema Festival

Persian:

هفتهی گذشته در جشنوارهی فیلم فجر در تهران شرکت کردم. سالن سینما پر از هنرمندان و علاقهمندان به سینما بود. ابتدا فیلمی دربارهی زندگی روستایی در کردستان دیدم که بسیار تاثیرگذار بود. کارگردان جوانی بعد از نمایش فیلم به سوالات تماشاگران پاسخ داد. بعدازظهر، در کارگاه فیلمنامهنویسی شرکت کردم و ایدههایم را با دیگران به اشتراک گذاشتم. شب، فیلمی تاریخی دربارهی قیام مشروطه تماشا کردیم که لباسها و صحنهها دقیقا بازسازی شده بودند. جایزهی بهترین فیلم به درام خانوادگی دربارهی مهاجرت رسید. این جشنواره به من نشان داد سینمای ایران چقدر متنوع و قدرتمند است.

Romanization:

Hafte-ye gozashte dar jashnvâre-ye film-e Fajr dar Tehrân sherkat kardim. Sâlân-e sinemâ por az honarmandân va âlâqe-mandân be sinemâ bud. Ebtedâ filmi darbâre-ye zendegi-ye rustâyi dar Kordestân didam ke besyâr tasir-gozâr bud. Kârgardân-e javâni ba'd az namâyesh-e film be soâlât-e tamâshâgerân pâsokh dâd. Ba'd az zohr, dar kârgâh-e filmnâme-nevisi sherkat kardim va ide-hâ-yam râ bâ digarân be eshtorâk gozâshtam. Shab, filmi târikhi darbâre-ye qiyâm-e Mashrute tamâshâ kardim ke lebâs-hâ va sahne-hâ daqiqan bâzsâzi shode budand. Jâyeze-ye behtarin film be drâm-e khânevâdegi darbâre-ye mohâjerat resid. In

*jashnvâre be man neshan dâd sinemâ-ye Irân
cheqad motevâle' va qodratmand ast.*

Translation:
*Last week, I attended the Fajr Film Festival in
Tehran. The cinema hall buzzed with artists and film
enthusiasts. I first watched a poignant film about
rural life in Kurdistan. The young director held a
Q&A post-screening. In the afternoon, I joined a
screenwriting workshop and shared ideas. At night,
we saw a historical film on the Constitutional
Revolution, with meticulously recreated sets. The
top prize went to a family drama about
immigration. This festival showed me the diversity
and power of Iranian cinema.*

Paragraph 48: Khatamkari Art in Isfahan

Persian:

در اصفهان از کارگاه خاتمکاری دیدن کردم که هنرمندان قطعات کوچک چوب، فلز و استخوان را به شکل ستاره میبرند. استاد کارگاه توضیح داد این هنر به دورهی صفویه بازمیگردد. من یاد گرفتم چگونه طرحهای هندسی را با دقت میلیمتری کنار هم بچینم. بعدازظهر، یک جعبهی کوچک خاتمکاری شده خریدم تا به مادرم هدیه دهم. هنرمند پیر گفت یک اثر بزرگ خاتمکاری گاهی یک سال زمان میبرد. این هنر به من نشان داد ظرافت و صبر چقدر در فرهنگ ما ارزشمند است.

Romanization:

Dar Esfahân az kârgâh-e Khâtamkâri didan kardam ke honarmandân qet'e-hâ-ye kuchek-e choob, folâd va ostoxân râ be shakl-e setâre miborand. Ostâd-e kârgâh tozih dâd in honar be dowre-ye Safaviye bâz-migardad. Man yâd gereftam chegunegi tarh-hâ-ye hendesi râ bâ daqqat-e milimetri kenâr-e ham bechinam. Ba'd az zohr, yek jahze-ye kuchek-e Khâtamkâri shode kharidam tâ be mâdaram hedive daham. Honarmand-e pir goft yek asar-e bozorg-e Khâtamkâri gâhi yek sâl zamân mibârad. In honar be man neshan dâd zarâfat va sabr cheqad dar farhang-e mâ arzeshmand ast.

Translation:

In Isfahan, I visited a Khatamkari workshop where artists cut wood, metal, and bone into star-shaped pieces. The master explained this art dates back to the Safavid era. I learned to arrange geometric patterns with millimeter precision. In the afternoon, I bought a small Khatam box for my mom. An elderly artist said large pieces can take a year to complete. This craft revealed the cultural value of patience and intricacy.

Paragraph 49: Rock Climbing in Alamut Valley

Persian:

در هی الموت مقصدی محبوب برای صخر هنوردان حرفهای است. صبح زود با تجهیزات کامل به پای صخره رسیدیم. مربیام گفت باید هر حرکت را با دقت برنامهریزی کنم تا انرژی کم نیاورم. نیمهی راه، دستم لغزید و ترسیدم، اما با تشویق دوستانم ادامه دادم. هنگام رسیدن به قله، منظرهی قلعهی حسن صباح هوش از سر برد. بعدازظهر، در رودخانهی کنار دره شنا کردیم و خستگی در کردیم. این تجربه به من یاد داد که محدودیتها فقط در ذهن ما هستند.

Romanization:

 Darre-ye Alamut maqsadi-ye mahbub barâye sakhre-navardân-e heresfe-i ast. Sobh-e zud bâ tajhizât-e kâmel be pâye sakhre residim. Morabbi-am goft bâyad har harkat râ bâ daqqat barnâme-rizi konam tâ energi kam nayâvaram. Nime-ye râh, dastam lizid va tarsidam, ammâ bâ tasviq-e dustânam edâme dâdam. Hengâm-e residan be qolle, manzare-ye qal'e-ye Hassan-e Sabbâh hush az sar bord. Ba'd az zohr, dar rudkhâne-ye kenâr-e darre shenâ kardim va khastegi dar kardim. In tajrobe be man yâd dâd ke mahdudiyyat-hâ faqat dar zehn-e mâ hastand.

Translation:

 Alamut Valley is a hotspot for professional climbers. At dawn, we geared up at the cliff base.

My instructor urged careful planning to conserve energy. Mid-climb, my hand slipped, but friends' cheers kept me going. Reaching the peak, the view of Hassan Sabbah's castle stunned me. Later, we swam in the valley's river to unwind. This experience taught me limits exist only in the mind.

Paragraph 50: Mehregan Festival Celebration

Persian:

جشن مهرگان را در روستایی قدیمی برگزار کردیم که به افتخار مهر و دوستی است. میزها را با انار، گلهای داودی و شمع تزیین کرده بودند. پیرمردی داستانهای باستانی درباره‌ی پیروزی فریدون بر ضحاک را خواند. کودکان با لباسهای رنگارنگ دور آتش میرقصیدند و آواز میخواندند. بعدازظهر، مسابقه‌ی اسبدوانی برگزار شد و برنده یک دستبند نقره گرفت. شب هنگام، آتشبازی بزرگی آسمان را روشن کرد و همه شادی میکردند. این جشن به من یادآوری کرد که صلح و دوستی ریشه‌ی فرهنگ ماست.

Romanization:

Jashn-e Mehregân râ dar rustâyi qadimi bargozâr kardim ke be eftekâr-e Mehr va dusti ast. Miz-hâ râ bâ anâr, gol-hâ-ye dâvodi va sham' taz'in karde budand. Pir-mardi dâstân-hâ-ye bâstâni darbâre-ye piruzi-ye Fereydun bar Zahhâk râ khând. Kodakân bâ lebâs-hâ-ye rangârang dur âtash miraghsidand va âvâz mikhândand. Ba'd az zohr, mosâbeqe-ye asb-davâni bargozâr shod va barande yek dastband-e noghre gereft. Shab hengâm, âtashbâzi-ye bozorgi âsemân râ rowshan kard va hame shâdi mikardand. In jashn be man yâdâvari kard ke solh va dusti rishe-ye farhang-e mâst.

Translation:

We celebrated Mehregan in an ancient village, honoring friendship and light. Tables were adorned with pomegranates, chrysanthemums, and candles. An elder recited tales of Fereydun's victory over Zahhak. Children danced around fires in colorful outfits. An afternoon horse race awarded a silver bracelet. At night, fireworks lit the sky. This festival reminded me peace and friendship root our culture.

Paragraph 51: Traditional Bread Baking in Rural Iran

Persian:

در روستاهای ایران، پخت نان سنگک در تنورهای گلی یک هنر قدیمی است. زنان محلی خمیر را از آرد گندم تازه و آب درست میکنند. خمیر را با دست ورز میدهند و به شکل دایرههای نازک پهن میکنند. سپس نانها را به دیوارهای داغ تنور میچسبانند تا طلایی شوند. بوی نان تازه تمام روستا را پر میکند. صبح زود، مردم برای خرید نان گرم به نانوایی محلی میروند. من یاد گرفتم چگونه خمیر را به اندازهی مناسب بردارم و روی تابهی سنتی بپزم. یک پیرزن به من گفت نان خوب باید هوا داشته باشد و هنگام پخت پف کند. بعدازظهر، نانها را با پنیر محلی و سبزی خوردن سرو کردیم. این تجربه به من نشان داد سادگی چقدر میتواند خوشمزه باشد.

Romanization:

Dar rustâ-hâ-ye Irân, pokht-e nân-e sangak dar tanur-hâ-ye geli yek honar-e qadimi ast. Zanân-e mahalli khameer râ az ârd-e gandom-e tâze va âb dorost mikonand. Khameer râ bâ dast varz midahand va be shakl-e dâyere-hâ-ye nâzok pahn mikonand. Sepas nân-hâ râ be divâr-hâ-ye dâgh-e tanur michasbânand tâ talâyi shavand. Buy-e nân-e tâze tamâm-e rustâ râ por mikonad. Sobh-e zud, mardom barâye kharid-e nân-e garm be nânvâyi-ye mahalli miravand. Man yâd gereftam chegunegi khameer râ be andâze-ye monâseb bardâram va roy-e tâbe-ye sonnati bepazam. Yek pir-zan be man goft nân-e khub bâyad havâ dâshteh bâshad va hengâm-e pokht pof konad. Ba'd az zohr, nân-hâ râ bâ panir-e mahalli va sabzi-khordan serv kardim. In tajrobe be man neshan dâd sâdegi cheqad mitavânad khoshmaze bâshad.

Translation:

In Iranian villages, baking sangak bread in clay ovens is an ancient craft. Locals make dough from fresh wheat flour and water. They knead it by hand and flatten it into thin circles. The bread sticks to the oven's hot walls until golden. The aroma fills the village. At dawn, villagers line up at bakeries for warm bread. I learned to shape dough and bake it on a traditional griddle. An elderly woman said good bread should be airy and puff while baking. In the afternoon, we ate it with local cheese and herbs. This experience taught me simplicity's delicious charm.

Paragraph 52: Ashura Commemoration in Tehran

Persian:

روز عاشورا، خیابانهای تهران پر از دستههای عزاداری و پرچمهای سیاه شد. مردم با سینهزنی و نوحهخوانی به امام حسین ادای احترام کردند. کودکان آب و شربت میان جمعیت پخش میکردند. بعدازظهر، تعزیهی قدیمی در میدان اصلی اجرا شد و بازیگران صحنههای کربلا را بازسازی کردند. صدای طبلها و سنجها فضای غمگینی ایجاد کرده بود. شب هنگام، همه با چراغهای کوچک به خیابان آمدند و شمع روشن کردند. این مراسم به من یادآوری کرد که ایثار و عدالت چقدر در فرهنگ ما ارزشمند است.

Romanization:

Ruz-e Âshurâ, khiyâbân-hâ-ye Tehrân por az daste-hâ-ye azâdâri va parchim-hâ-ye siyâh shod. Mardom bâ sine-zani va nouhe-khâni be Emâm Hossein edâye ehterâm kardand. Kodakân âb va sharbat miyân-e jam'iyat pakhsh mikardand. Ba'd az zohr, ta'ziye-ye qadimi dar meydân-e asli ejrâ shod va bâzigarân sahne-hâ-ye Karbalâ râ bâzsâzi kardand. Sedâ-ye tabl-hâ va sanj-hâ fazâ-ye ghamgini ijâd karde bud. Shab hengâm, hame bâ cherâgh-hâ-ye kuchek be khiyâbân âmadand va sham' rowshan kardand. In marâsem be man yâdâvari kard ke esâr va edâlat cheqad dar farhang-e mâ arzeshmand ast.

Translation:

On Ashura, Tehran's streets filled with mourning procession and black flags. People paid tribute to Imam Hossein with chest-beating and lamentations. Children distributed water and sherbet. In the afternoon, a traditional passion play reenacted Karbala's events. Drums and cymbals deepened the solemn mood. At night, crowds lit candles in the streets. This ritual reminded me of the cultural reverence for sacrifice and justice.

Paragraph 53: Life with the Qashqai Nomads

Persian:

هفتهی گذشته با کوچ عشایر قشقایی همراه شدم. چادرهای سیاهشان را در دامنهی کوه برپا کردند و گلههای گوسفند را به چرا بردند. زنان قالیهای رنگارنگ میبافتند و کودکان در ساخت شیرینی محلی کمک میکردند. شبها دور آتش مینشستیم و داستانهای سفرهایشان را میشنیدیم. صبح زود، با صدای نی چوپان از خواب بیدار میشدیم. یک روز به من یاد دادند چگونه دوغ محلی درست کنند. این زندگی ساده اما پر از صلابت به من آموخت که خوشبختی در داشتن چیزهای کم است.

Romanization:

Hafte-ye gozashte bâ kuch-e ashâyer-e Qashqâyi hamrâh shodam. Châdor-hâ-ye siyâh-shân râ dâmane-ye kuh barpâ kardand va galle-hâ-ye gusfand râ be charâ bordand. Zanân qâli-hâ-ye rangârang mibâftand va kodakân dar sâkht-e shirini-ye mahalli komak mikardand. Shab-hâ dur âtash mineshestim va dâstân-hâ-ye safar-hâ-ye-shân râ mishenidim. Sobh-e zud, bâ sedâ-ye ney-e chupân az khâb bidâr mishodim. Yek ruz be man yâd dâdand chegunegi dough-e mahalli dorost konand. In zendegi-ye sâde ammâ por az solâbat be man âmukht ke khoshbakhti dar dâshtan-e chiz-hâ-ye kam ast.

Translation:

Last week, I joined the Qashqai nomads'

migration. They pitched black tents on mountain slopes and herded sheep. Women wove vibrant carpets, and children helped make local sweets. Nights were spent sharing travel tales by the fire. At dawn, a shepherd's flute woke us. They taught me to make traditional yogurt drink. This simple, resilient life taught me happiness lies in needing little.

Paragraph 54: Herbal Medicine in Iranian Tradition

Pers:بن

در بازار قدیمی اصفهان، عطاریها پر از گیاهان دارویی مثل گل گاوزبان و آویشن بودند. عطار پیر روش دم کردن دمنوش برای درمان سردرد را به من آموخت. او گفت هر گیاهی زمان خاصی برای چیدن دارد تا خواصش حفظ شود. بعدازظهر، با کمک او مرهمی از عسل و زردچوبه برای سوختگی درست کردم. زنی کنارم دانههای اسپند میخرید تا چشمزخم را دور کند. این تجربه به من نشان داد طبیعت چقدر میتواند درمانگر باشد.

Romanization:

 Dar bâzâr-e qadimi-ye Esfahân, attâri-hâ por az giâhân-e dâruyi mesl-e gol-e gâvzabân va âvishan budand. Attâr-e pir ravesh-e dam kardan-e damnoosh barâye darmân-e sardard râ be man âmukht. Ou goft har giâhi zamân-e khâssi barâye chidan dârad tâ khavâss-e-esh hefz shavad. Ba'd az zohr, bâ komak-e ou marhami az asal va zardchube barâye sukhtegi dorost kardam. Zan-i kenâram dâne-hâ-ye espend mikharid tâ cheshm-zakhm râ dur konad. In tajrobe be man neshan dâd tabi'at cheqad mitavânad darmângar bâshad.

Translation:

 In Isfahan's old bazaar, herbal shops overflowed with remedies like borage and thyme. An elderly herbalist taught me to brew tea for headaches. He said each herb must be picked at the right time to retain potency. In the afternoon, we made a turmeric-honey salve for burns. A woman bought esfand seeds to ward off evil eyes. This experience revealed nature's power to heal.

Paragraph 55: Kite Flying Festival in Yazd

Pers:ین

جشنواره‌ی بادبادک‌بازی در یزد هر سال در فصل بهار برگزار
میشود. میدان اصلی شهر پر از خانواده‌هایی بود که بادبادکهای
رنگارنگ به هوا فرستاده بودند. من بادبادک خود را با طرح گل و
مرغ ایرانی تزیین کرده بودم. باد قوی باعث شد بادبادکم بالای
برج بادگیرها پرواز کند. کودکان با هیجان دنبال بادبادکهای گمشده
میدویدند. بعدازظهر، مسابقه‌ی زیباترین بادبادک برگزار شد و
برنده یک نقاشی سنتی گرفت. این روز پر از خنده و رنگ به من
یادآوری کرد که بازیهای ساده هم میتوانند خاطرهساز باشند.

Romanization:

*Jashnvâre-ye bâdbâdak-bâzi dar Yazd har sâl dar
fasl-e bahâr bargozâr mishavad. Meydân-e asli-ye
shahr por az khânevâde-hâyi bud ke
bâdbâdak-hâ-ye rangârang be havâ ferestâde
budand. Man bâdbâdak-e khod râ bâ tarh-e gol va
morgh-e Irâni taz'in karde budam. Bâd-e qavi bâ'es
shod bâdbâdak-am bâlâ-ye borj-e bâdgir-hâ parvâz
konad. Kodakân bâ heyjân donbâl-e
bâdbâdak-hâ-ye gomshode midavidand. Ba'd az
zohr, mosâbeqe-ye zibâ-tarin bâdbâdak bargozâr
shod va barande yek naqâshi-ye sonnati gereft. In
ruz-e por az khande va rang be man yâdâvari kard
ke bâzi-hâ-ye sâde ham mitavânand khâtere-sâz
bâshand.*

Translation:

Yazd's annual kite festival fills the main square with

families flying colorful kites. I decorated mine with Persian floral patterns. Strong winds carried it above ancient windcatchers. Children chased stray kites gleefully. An afternoon contest awarded the most beautiful kite. This vibrant day proved simple joys create lasting memories.

Paragraph 56: Traditional Iranian Tea Culture

Persian:

در ایران، چای نقش مهمی در مهماننوازی و گفتگوهای روزمره دارد. همیشه سماور برنجی روی اجاق گاز میجوشد و فنجانها آمادهی پذیرایی هستند. چای ایرانی معمولاً تُنگ و پررنگ دم میشود و با قند یا نبات شیرین میگردد. در مهمانیها، چای را در استکانهای کوچک سرو میکنند و به مهمان تعارف میکنند. برخی افراد چای را با زعفران یا هل طعمدار میکنند. در قهوهخانههای قدیمی، چای همراه با نان سنگک و پنیر خورده میشود. من یاد گرفتم چگونه چای را به روش سنتی در قوری دم کنم. مادربزرگم همیشه میگوید: «چای داغ، دل آدم را گرم میکند.» بعدازظهرها، خانوادهها دور هم مینشینند و چای مینوشند. این رسم ساده، پیوند خانوادگی را محکمتر میکند.

Romanization:

Dar Irân, châi naqsh-e mohemmi dar mehmânnavâzi va goftogu-hâ-ye ruzmarre dârad. Hamishe samovar-e berenji roy-e ojâq-e gâz mijushad va fenjân-hâ âmâde-ye pazirâyi hastand. Châi-ye Irâni ma'mulan tang va porrang dam mishavad va bâ qand ya nabât shirin migardad. Dar mehmâni-hâ, châi râ dar estekân-hâ-ye kuchek serv mikonand va be mehmân ta'ârof mikonand. Bar-khasi afrâd châi râ bâ za'ferân ya hal tavm-dâr mikonand. Dar qahve-khâne-hâ-ye qadimi, châi hamrâh bâ nân-e sangak va panir khorde mishavad. Man yâd gereftam chegunegi châi râ be ravesh-e

*sonnati dar quri dam konam. Mâdar-bozorgam
hamishe miguyad: «Châi-e dâgh, del-e âdam râ
garm mikonad.» Ba'd az zohr-hâ, khânevâde-hâ dur
ham mineshinand va châi minushand. In rasm-e
sâde, peyvand-e khânevâdegi râ mohkam-tar
mikonad.*

Translation:

*In Iran, tea plays a key role in hospitality and daily
conversations. A brass samovar often boils on the
stove, with cups ready for serving. Iranian tea is
brewed strong and served with sugar cubes or rock
candy. At gatherings, it's poured into small glasses
and offered to guests. Some flavor tea with saffron
or cardamom. In old tea houses, tea is paired with
sangak bread and cheese. I learned to brew tea
traditionally in a teapot. My grandmother always
says, "Hot tea warms the heart." Families bond
over afternoon tea, strengthening ties through this
simple ritual.*

Paragraph 57: Khastegari (Marriage Proposal Customs)

Persian:

خواستگاری یکی از رسوم مهم در فرهنگ ایرانی است.
خانوادهی داماد با گل و شیرینی به خانهی عروس میروند. پدر
داماد رسماً از پدر عروس اجازهی ازدواج میخواهد. عروس و
داماد در اتاقی جداگانه با هم صحبت میکنند تا همدیگر را بهتر
بشناسند. بعد از توافق، حلقهی نامزدی را به عروس هدیه میدهند.
در گذشته، شیرینیهای مخصوص مثل باقلوا برای این مراسم آماده
میشد. امروزه برخی خانوادهها این رسم را سادهتر برگزار
میکنند. این مراسم نماد احترام و جدیت در شروع زندگی مشترک
است.

Romanization:

*Khastegari yeki az rosoum-e mohemm dar
farhang-e Irâni ast. Khânevâde-ye dâmâd bâ gol va
shirini be khâne-ye arous miravand. Pedar-e dâmâd
rasanan az pedar-e arous ejâze-ye ezdevâj mikâhad.
Arous va dâmâd dar otâghi jodâgâne bâ ham
sohbat mikonand tâ hamdigar râ behtar
beshenâsand. Ba'd az tavâfoq, halqe-ye nâmzadi râ
be arous hedive midahand. Dar gozashte,
shirini-hâ-ye makhsus mesl-e baqlavâ barâye in
marâsem âmâde mishod. Emruzah bâr-khasi
khânevâde-hâ in rasm râ sâde-tar bargozâr
mikonand. In marâsem nemâd-e ehterâm va jeddi
dar shoru'-e zendegi-ye moshtarak ast.*

Translation:

Khastegari (marriage proposal) is a key Iranian tradition. The groom's family visits the bride's home with flowers and sweets. The groom's father formally asks the bride's father for permission to marry. The couple talks privately to get to know each other. Upon agreement, an engagement ring is gifted to the bride. Historically, special sweets like baklava were prepared. Today, some families simplify the ritual. It symbolizes respect and commitment to starting a life together.

Paragraph 58: Anzali Lagoon Boat Racing

Persian

در تالاب انزلی، مسابقات قایقرانی هر سال در بهار برگزار میشود. قایقهای چوبی رنگارنگ با پاروهای بلند روی آب میدرخشند. شرکتکنندگان از روستاهای اطراف برای برنده شدن رقابت میکنند. مردم روی پلها و ساحل جمع میشوند و با هیجان مسابقه را تماشا میکنند. بعد از پایان مسابقه، برندگان را با نواختن سازهای محلی جشن میگیرند. این سنت صدها سال قدمت دارد و به ماهیگیران قدیمی ادای احترام میکند.

Romanization:

Dar Tâlâb-e Anzali, mosâbeqât-e qâyeq-râni har sâl dar bahâr bargozâr mishavad. Qâyeq-hâ-ye choobi-ye rangârang bâ pâru-hâ-ye boland roy-e âb midarakhshand. Sherkat-konandegân az rustâ-hâ-ye atrâf barâye barande shodan raqâbat mikonand. Mardom roy-e pol-hâ va sâhel jam' mishavand va bâ heyjân mosâbeqe râ tamâshâ mikonand. Ba'd az pâyân-e mosâbeqe, barandegân râ bâ navâkhtan-e sâz-hâ-ye mahalli jashn migirand. In sonnat sad-hâ sâl qedmat dârad va be mâhigirân-e qadimi edâye ehterâm mikonad.

Translation:

In Anzali Lagoon, annual boat races are held each spring. Colorful wooden boats with long oars glide across the water. Competitors from nearby villages vie for victory. Crowds gather on bridges and shores to cheer. Winners are celebrated with

*traditional music post-race. This centuries-old
tradition honors the legacy of local fishermen.*

Paragraph 59: Crafting Persian Gaz (Nougat)

Persian

گز اصفهان یکی از معروفترین سوغاتیهای ایران است. برای درست کردن آن، شیرهی انگور و گلاب را با سفیدهی تخممرغ مخلوط میکنند. سپس مغز پسته یا بادام را به آن اضافه میکنند و مایع را میپزند. بعد از سرد شدن، گز را به شکل مربعهای کوچک میبرند و در برگهی مخصوص میپیچند. این شیرینی نرم و معطر در جشنها و مهمانیها سرو میشود. کارگاههای سنتی اصفهان هنوز از روشهای قدیمی برای پخت گز استفاده میکنند.

Romanization:

Gaz-e Esfahân yeki az ma'ruf-tarin suveniri-hâ-ye Irân ast. Barâye dorost kardan-e ân, shire-ye angur va golâb râ bâ sefide-ye toxm-e morgh makhlut mikonand. Sepas maghz-e pesto ya bâdâm râ be ân ezâfe mikonand va mâye' râ mipazand. Ba'd az sard shodan, gaz râ be shakl-e morabba'-hâ-ye kuchek miborand va dar barga-ye makhsus mipichand. In shirini-ye narm va mo'attar dar jashn-hâ va mehmâni-hâ serv mishavad. Kârgâh-hâ-ye sonnati-ye Esfahân hanuz az ravesh-hâ-ye qadimi barâye pokht-e gaz estefâde mikonand.

Translation:

Esfahan's gaz (nougat) is a iconic Iranian sweet. To make it, grape syrup, rosewater, and egg whites are mixed. Pistachios or almonds are added, and the mixture is cooked. Once cooled, it's cut into squares and wrapped in edible paper. This fragrant treat is served at celebrations. Traditional workshops in Esfahan still use age-old methods to craft it.

Paragraph 60: Historical Hammams (Public Baths)

Persian

حمامهای قدیمی ایران مرکز اجتماعی و فرهنگی شهرها بودند. این حمامها با گنبدهای زیبا و کاشیکاریهای آبی تزیین میشدند. مردم برای استحمام، گفتگو و حتی برگزاری مراسم خاص به حمام میرفتند. بخشی به نام «بینه» برای رختکن و استراحت طراحی شده بود. آب گرم از قناتها تأمین میشد و دیگهای بزرگ آن را گرم میکردند. امروزه برخی حمامها به موزه تبدیل شدهاند تا معماری و تاریخشان حفظ شود.

Romanization:

Hammâm-hâ-ye qadimi-ye Irân markaz-e ejtemâ'i va farhangi-ye shahr-hâ budand. In hammâm-hâ bâ gonbad-hâ-ye zibâ va kâshi-kâri-hâ-ye âbi taz'in mishodand. Mardom barâye estehâm, goftogu va hattâ bargozâri-ye marâsem-e khâss be hammâm miraftand. Bakhshi be nâm-e «beyne» barâye rokhtakon va esterâhat tarrahi shode bud. Âb-e garm az qanât-hâ tâmin mishod va dig-hâ-ye bozorg ân râ garm mikardand. Emruzah bâr-khasi hammâm-hâ be muze tabdil shode-and tâ me'mâri va târikh-e-shân hefz shavad.

Translation:

Iran's historical hammams (public baths) were social and cultural hubs. Adorned with domes and blue tiles, they hosted bathing, socializing, and ceremonies. A "beyne" area served as a dressing

*room. Water was heated via qanat-fed cauldrons.
Many hammams are now museums preserving their
architectural legacy.*

Paragraph 61: Minakari (Enamel Art) in Isfahan

Persian:

هنر میناکاری اصفهان یکی از ظریفترین صنایع دستی ایران است. استادکاران طرحهای گل و مرغ را با رنگهای درخشان روی ظروف مسی میکشند. ابتدا مس را با دقت صیقل میدهند تا سطحی صاف ایجاد شود. سپس با قلمموی بسیار نازک، طرحها را با رنگهای پایهی معدنی نقاشی میکنند. بعد از خشک شدن، ظرف را در کوره میگذارند تا رنگها ثابت شوند. این فرآیند گاهی چندین بار تکرار میشود تا نقشها پررنگتر شوند. میناکاری نیاز به صبر و تمرکز بسیار دارد. در بازار اصفهان، مغازهها پر از گلدانها و تابلوهای میناکاری شدهاند. من یک بشقاب کوچک با طرح گل لاله خریدم تا به دوستم هدیه دهم. استادکار پیر گفت: «هر قطعه مینا، روح هنرمند را نشان میدهد.» این هنر به من یادآوری کرد که زیبایی در جزئیات پنهان است.

Romanization:

 Honar-e Minâkâri-ye Esfahân yeki az zarif-tarin sanâye'-e dasti-ye Irân ast. Ostâd-kârân tarh-hâ-ye gol va morgh râ bâ rang-hâ-ye derakhshân roy-e zarf-hâ-ye messi mikeshand. Ebtedâ mes râ bâ daqqat sayqal midahand tâ sath-i sâf ijâd konand. Sepas bâ qalam-mowi besyâr nâzok, tarh-hâ râ bâ rang-hâ-ye pâye-ye ma'dani naqâshi mikonand. Ba'd az khoshk shodan, zarf râ dar kure migozârand tâ rang-hâ sâbet shavand. In farâiyand gâhi chandin bâr tekrâr mishavad tâ naghsh-hâ porrang-tar shavand. Minâkâri niyâz be sabr va

*tamarkoz-e besyâr dârad. Dar bâzâr-e Esfahân,
maghâze-hâ por az goldân-hâ va tâblo-hâ-ye
Minâkâri shode-and. Man yek boshqâb-e kuchek bâ
tarh-e gol-e lâle kharidam tâ be dustam hedive
daham. Ostâd-kâr-e pir goft: «Har qet'e-ye Minâ,
ruh-e honarmand râ neshan midahad.» In honar be
man yâdâvari kard ke zibâyi dar joz'iyât penhân
ast.*

Translation:

*Isfahan's Minakari (enamel art) is one of Iran's
most delicate crafts. Artisans paint floral and bird
motifs with vibrant colors on copper surfaces. First,
the copper is polished to a smooth finish. Using fine
brushes, designs are painted with mineral-based
pigments. After drying, the piece is fired in a kiln to
set the colors. This process may repeat to intensify
hues. Minakari demands immense patience and
focus. In Isfahan's bazaar, shops brim with
enameled vases and plaques. I bought a small
tulip-patterned plate for my friend. An elderly
master said, "Each enamel piece reflects the artist's
soul." This art reminded me beauty lies in hidden
details.*

62: Chogan (Polo) in Ancient Persia

Persian:

چوگان ورزشی اصیل است که ریشه در ایران باستان دارد. در
نقشبرجستههای تخت جمشید، تصاویری از سربازان ساسانی با
چوگان دیده میشود. زمین چوگان به دقت آماده میشود و اسبها با
نعلهای مخصوص مجهز میشوند. بازیکنان با چوبهای بلند توپ
چوبی را به سوی دروازهی حریف هدایت میکنند. در گذشته،
چوگان تمرینی برای جنگجویان بود تا هماهنگی و سرعتشان را
بهبود دهند. امروزه مسابقات چوگان در اصفهان و تهران به
صورت نمادین برگزار میشود. هنگام تماشای بازی، صدای کوبش
سم اسبها و تشویق تماشاچیان هیجانانگیز است. این ورزش به من
یادآوری کرد که تاریخ ایران پر از افتخارات فراموشنشدنی است.

Romanization:

*Chogân varzeshi asil ast ke rishe dar Irân-e bâstân
dârad. Dar naqsh-bargaste-hâ-ye Takht-e Jamshid,
tasâviri az sarbâzân-e Sâsâni bâ Chogân dide
mishavad. Zamin-e Chogân bâ daqqat âmâde
mishavad va asb-hâ bâ na'l-hâ-ye makhsus
mojahhaz mishavand. Bâzikonân bâ choob-hâ-ye
boland tub-e choobi râ be suye darvâze-ye hâref
hedâyat mikonand. Dar gozashte, Chogân tamrini
barâye jangjuyân bud tâ hamâhangi va
sor'at-e-shân râ behboud dahand. Emruzah
mosâbeqât-e Chogân dar Esfahân va Tehrân be
surat-e nemâdin bargozâr mishavad. Hengâm-e
tamâshâ-ye bâzi, sedâ-ye kubesh-e som-e asb-hâ va
tasviq-e tamâshâchiyân heyjan-angiz ast. In varzesh*

be man yâdâvari kard ke târikh-e Irân por az
eftekharât-e farâmushesh-nedâni ast.

Translation:
Chogan (polo) is an ancient sport rooted in Persian
history. Sassanian soldiers are depicted playing it in
Persepolis reliefs. The field is meticulously
prepared, and horses wear special shoes. Players
use long mallets to drive a wooden ball toward the
goal. Historically, it trained warriors in
coordination and speed. Today, symbolic matches
are held in Isfahan and Tehran. The thunder of
hooves and crowd cheers create excitement. This
sport reminded me of Iran's forgotten glories.

Paragraph 63: Carpet Washing in Mashhad's Zarshour River

Persian

هرساله در مشهد، فرشهای قدیمی را در رودخانهی زر شور میشویند. این رسم صدها سال قدمت دارد و نماد پاکیزگی و آغاز فصل جدید است. مردم فرشها را روی سنگهای رودخانه پهن میکنند و با آب جاری تمیز میکنند. بعد از شستن، فرشها را روی دیوارهای آجری خشک میکنند. زنان محلی با خواندن آوازهای سنتی به این کار کمک میکنند. کودکان در آب بازی میکنند و به شستن فرشها میخندند. بعدازظهر، همه با هم نان محلی و پنیر میخورند و چای مینوشند. این مراسم ساده، همکاری و شادی را در جامعه زنده میکند.

Romanization:

Har sâleh dar Mashhad, farsh-hâ-ye qadimi râ dar rudkhâne-ye Zarshur mishuyand. In rasm sad-hâ sâl qedmat dârad va nemâd-e pâkizegi va âghâz-e fasl-e jadid ast. Mardom farsh-hâ râ roy-e sang-hâ-ye rudkhâne pahn mikonand va bâ âb-e jâri tamiz mikonand. Ba'd az shostan, farsh-hâ râ roy-e divâr-hâ-ye ajri khoshk mikonand. Zanân-e mahalli bâ khândan-e âvâz-hâ-ye sonnati be in kâr komak mikonand. Kodakân dar âb bâzi mikonand va be shostan-e farsh-hâ mikhandand. Ba'd az zohr, hame bâ ham nân-e mahalli va panir mikhorend va châi minushand. In marâsem-e sâde, hamkâri va shâdi râ dar jâme'e zende mikonad.

Translation:

Annually in Mashhad, antique carpets are washed in the Zarshour River. This centuries-old ritual symbolizes renewal and cleanliness. Carpets are spread on river stones and scrubbed with flowing water. After washing, they're dried on brick walls. Local women sing traditional songs while working. Children splash in the water, laughing. Later, everyone shares bread, cheese, and tea. This simple ceremony revives community bonds and joy.

Paragraph 64: Qali Shuyan (Wool Dyeing) in Kerman

Persian

در کرمان، رنگرزی پشم برای فرشهای دستباف هنری قدیمی است. استادکاران از پوست انار و روناس برای ایجاد رنگهای قرمز و نارنجی استفاده میکنند. پشمها را در دیگهای بزرگ میجوشانند تا رنگ جذب شود. بعد از خشک شدن، پشمها به نخهای نازک تبدیل میشوند. زنان روستایی این نخها را برای بافت فرش به کار میگیرند. بوی گیاهان رنگی و بخار دیگها فضای کارگاه را پر کرده است. این فرآیند زمانبر به من نشان داد که هر فرش داستان زحمت بسیاری دارد.

Romanization:

 Dar Kermân, rang-rizi-ye pashm barâye
farsh-hâ-ye dast-bâf honari qadimi ast.
Ostâd-kârân az pust-e anâr va runâs barâye ijâd-e
rang-hâ-ye ghermez va nârenji estefâde mikonand.
Pashm-hâ râ dar dig-hâ-ye bozorg mijushânand tâ
rang jazb shavad. Ba'd az khoshk shodan,
pashm-hâ be nakh-hâ-ye nâzok tabdil mishavand.
Zanân-e rustâyi in nakh-hâ râ barâye bâft-e farsh
be kâr migirand. Buy-e giâhân-e rangi va bokhâr-e
dig-hâ fazâ-ye kârgâh râ por karde ast. In
farâiyand-e zamân-bor be man neshan dâd ke har
farsh dâstân-e zahmat-e besyâri dârad.

Translation:

 In Kerman, dyeing wool for handmade carpets is
an ancient craft. Artisans use pomegranate rinds

and madder root for red and orange hues. Wool is boiled in large vats to absorb color. Once dried, it's spun into fine threads. Village women weave these into carpets. The workshop smells of dyes and steam. This laborious process taught me each carpet tells a story of effort.

Paragraph 65: Persian Calligraphy in Quranic Manuscripts

Persian

خوشنویسی قرآن در ایران هنری مقدس و پیچیده است.
خوشنویسان از قلم نی و مرکب مشکی برای نوشتن آیات استفاده
میکنند. هر صفحه با طرحهای اسلیمی و طلاکاری تزیین میشود.
استادان سالها تمرین میکنند تا خط ثلث یا نسخ را به کمال برسانند.
در کتابخانههای قدیمی، قرآنهای دستنویس با جلد چرمی نگهداری
میشوند. این آثار نهفقط متن دینی، بلکه شاهکارهایی هنری هستند.
خوشنویسی به من آموخت که زیبایی و معنویت میتوانند در هم
بیامیزند.

Romanization:

*Khoshnevisi-ye Qur'ân dar Irân honari moqaddas
va pechide ast. Khoshnevisân az qalam-e ney va
morakkab-e meski barâye neveshtan-e âyât estefâde
mikonand. Har safhe bâ tarh-hâ-ye eslimi va
talâkâri taz'in mishavad. Ostâdân sâl-hâ tamrin
mikonand tâ khatt-e Sols ya Naskh râ be kamâl
berasânand. Dar ketâbkhâne-hâ-ye qadimi,
Qur'ân-hâ-ye dast-nevis bâ jeld-e charm negahdâri
mishavand. In âsâr na-faqat matn-e dini, balke
shâhkâr-hâyi honari hastand. Khoshnevisi be man
âmukht ke zibâyi va ma'naviyat mitavânand dar
ham biyâmizand.*

Translation:

*Quranic calligraphy in Iran is a sacred, intricate
art. Calligraphers use reed pens and black ink to*

script verses. Pages are adorned with arabesques and gold leaf. Masters spend years perfecting Thuluth or Naskh scripts. Ancient libraries preserve handwritten Qurans in leather bindings. These works are both religious texts and artistic masterpieces. Calligraphy taught me beauty and spirituality can intertwine.

Paragraph 66: Windcatchers (Badgirs) of Yazd

Persian:

بادگیرهای یزد نماد هوشمندی معماری ایرانی در کویر هستند. این برجهای بلند با طراحی خاص، باد خنک را به داخل خانهها هدایت میکنند. در گذشته، بادگیرها تنها سیستم تهویهی خانههای کویری بودند. معماران از جهت باد و ارتفاع برای خنک کردن آب و فضای اتاقها استفاده میکردند. بادگیرها معمولاً چهار طرفه ساخته میشدند تا از هر جهت باد را جذب کنند. درون آنها کانالهایی وجود دارد که هوا را به زیرزمینهای خنک میرساند. امروزه برخی خانههای قدیمی یزد هنوز از بادگیرها استفاده میکنند. توریستها از دیدن این شاهکار مهندسی باستانی شگفتزده میشوند. من در یک خانهی تاریخی اقامت کردم و خنکای طبیعی بادگیر را تجربه کردم. استاد معماری گفت: «بادگیرها نشاندهندهی هماهنگی انسان با طبیعت هستند.» این سازهها به من یادآوری کردند که نیاکان ما چقدر به محیط زیست احترام میگذاشتند.

Romanization:

Bâdgir-hâ-ye Yazd nemâd-e hooshmandi-ye me'mâri-ye Irâni dar kavir hastand. In borj-hâ-ye boland bâ tarrahi-ye khâss, bâd-e khonak râ be dâkhel-e khâne-hâ hedâyat mikonand. Dar gozashte, bâdgir-hâ tanhâ sistem-e tahviye-ye khâne-hâ-ye kaviri budand. Me'mârân az jahat-e bâd va ertefâ' barâye khonak kardan-e âb va fazâ-ye otâgh-hâ estefâde mikardand. Bâdgir-hâ ma'mulan chahâr tarafe sâkhte mishodand tâ az har jahat bâd râ jazb konand. Darun-e ânhâ

*kânâl-hâyi vojoud dârad ke havâ râ be
zirzamyn-hâ-ye khonak mirasânand. Emruzah
bâr-khasi khâne-hâ-ye qadimi-ye Yazd hanuz az
bâdgir-hâ estefâde mikonand. Tourist-hâ az didan-e
in shâhkâr-e mohandesi-ye bâstâni shegeft-zade
mishavand. Man dar yek khâne-ye târikhi eqâmat
kardam va khonakâ-ye tabi'i-ye bâdgir râ tajrobe
kardam. Ostâd-e me'mâri goft: «Bâdgir-hâ
neshan-dahande-ye hamâhangi-ye ensân bâ tabi'at
hastand.» In sâze-hâ be man yâdâvari kardand ke
niyâkân-e mâ cheqad be mohit-e zist ehterâm
migozâshtand.*

Translation:

*Yazd's windcatchers (badgirs) symbolize Persian
architectural ingenuity in deserts. These tall towers
channel cool breezes into homes. Historically, they
were the sole ventilation system for desert houses.
Architects used wind direction and height to cool
water and rooms. Windcatchers were often
four-sided to catch wind from all directions.
Internal ducts directed air to cool underground
chambers. Today, some old Yazd homes still use
windcatchers. Tourists marvel at this ancient
engineering feat. I stayed in a historic house and
felt the natural coolness. An architect said,
"Windcatchers show harmony between humans and
nature." These structures reminded me of our
ancestors' respect for the environment.*

Paragraph 67: Naqqali (Persian Epic Storytelling)

Persian:

نقالی هنر روایت داستانهای حماسی ایران با حرکات نمایشی و
آواز است. نقالان با لباسهای رنگارنگ و شمشیر چوبی روی
صحنه میرقصند. آنها داستانهای شاهنامه را با صدایی رسا و
احساسی تعریف میکنند. در گذشته، نقالی در قهوه‌خانه‌ها اجرا
میشد تا مردم را سرگرم کند. امروزه این هنر در جشنواره‌ها و
موزه‌ها زنده نگه داشته میشود. من در یک اجرای نقالی شرکت
کردم و از انرژی نقال مسحور شدم. کودکان با تعجب به صحنه
نگاه میکردند و از هیجان فریاد میزدند. نقال پیر گفت: «هر کلمه‌ی
شاهنامه خون اجداد ماست.» این هنر به من یادآوری کرد که
ادبیات فارسی چقدر غنی و زنده است.

Romanization:

 Naqqâli honar-e ravâyat-e dâstân-hâ-ye hemâsi-ye
Irân bâ harkat-hâ-ye namâyeshi va âvâz ast.
Naqqâlân bâ lebâs-hâ-ye rangârang va shamshir-e
choobi roy-e sahne miraghsind. Ânhâ dâstân-hâ-ye
Shâhnâme râ bâ sedâyi-ye resvâ va ehsâsi ta'rif
mikonand. Dar gozashte, Naqqâli dar
qahve-khâne-hâ ejrâ mishod tâ mardom râ sargarm
konad. Emruzah in honar dar jashnvâre-hâ va
muze-hâ zende negah dâshte mishavad. Man dar
yek ejrâ-ye Naqqâli sherkat kardam va az energi-ye
Naqqâl mas-hur shodam. Kodakân bâ ta'ajjob be
sahne negâh mikardand va az heyjân faryâd
mizadand. Naqqâl-e pir goft: «Har kalame-ye

Shâhnâme khun-e ajdâd-e mâst.» In honar be man yâdâvari kard ke adabiyât-e Fârsi cheqad qeyni va zende ast.

Translation:

Naqqali is the art of performing Persian epics with dramatic gestures and song. Storytellers wear colorful costumes and wield wooden swords. They recite Shahnameh tales with powerful, emotive voices. Historically performed in tea houses, it now thrives in festivals and museums. I attended a Naqqali performance and was spellbound. Children watched wide-eyed, cheering excitedly. An elderly Naqqal said, "Every Shahnameh word is our ancestors' blood." This art highlighted the richness of Persian literature.

Paragraph 68: Pottery in Lalejin, the Ceramics Capital

Persian

لالجین شهری در همدان است که به سفالگری معروف است.
کارگاههای سفال پر از کوزهها و گلدانهای دستساز است.
سفالگران خاک رس را با آب مخلوط میکنند و روی چرخ شکل
میدهند. بعد از خشک شدن، ظرفها را در کورههای سنتی میپزند.
برخی سفالها با نقوش هندسی و رنگهای آبی و سبز تزیین میشوند.
من یک کاسهی سفالی خریدم و نامم را روی آن حک کردم.
استادکار گفت: «هر قطعه سفال روحی از طبیعت را در خود
دارد.» کودکان محلی در کنار خانوادهها سفالگری یاد میگیرند.
این هنر ساده اما عمیق، پیوند انسان با خاک را نشان میدهد.

Romanization:

*Lalejin shahri dar Hamadân ast ke be sofâlgori
ma'ruf ast. Kârgâh-hâ-ye sofâl por az kuzeh-hâ va
goldân-hâ-ye dast-sâz ast. Sofâlgarân khâk-e ros râ
bâ âb makhlut mikonand va roy-e charr shekl
midahand. Ba'd az khoshk shodan, zarf-hâ râ dar
kure-hâ-ye sonnati mipazand. Bâr-khasi sofâl-hâ bâ
noghush-e hendesi va rang-hâ-ye âbi va sabz taz'in
mishavand. Man yek kâse-ye sofâli kharidam va
nâm-am râ roy-e ân hakk kardam. Ostâd-kâr goft:
«Har qet'e-ye sofâl ruhi az tabi'at râ dar khod
dârad.» Kodakân-e mahalli dar kenâr-e
khânevâde-hâ sofâlgori yâd migirand. In honar-e
sâde ammâ amigh, peyvand-e ensân bâ khâk râ
neshan midahad.*

Translation:

Lalejin, a city in Hamadan, is famed for pottery. Workshops brim with handmade vases and bowls. Potters mix clay with water and shape it on wheels. After drying, pieces are fired in traditional kilns. Some ceramics feature geometric patterns in blue and green. I bought a clay bowl and carved my name on it. A master said, "Each piece holds nature's spirit." Local children learn pottery alongside families. This humble art reflects humanity's bond with earth.

Paragraph 69: Falconry in Persian Tradition

Persian

شکار با باز در ایران تاریخی هزاران ساله دارد. شاهان ساسانی از بازها برای شکار و نشانهی قدرت استفاده میکردند. امروزه این سنت در برخی روستاها زنده است. بازداران به پرندگان آموزش میدهند تا طعمه را دنبال کنند. بازها با چشمان تیزبین و بالهای قدرتمندشان شکارچیان ماهری هستند. من در یک نمایش بازداری شرکت کردم و از سرعت باز حیرتزده شدم. کودکان با هیجان به پرواز بازها نگاه میکردند. پیرمرد بازدار گفت: «بازها مانند جنگجویان باستانی اصیل هستند.» این سنت به من یادآوری کرد که انسان و طبیعت همیشه همزیستی داشتهاند.

Romanization:

Shekâr bâ bâz dar Irân târikhi hezârân sâle dârad. Shâhân-e Sâsâni az bâz-hâ barâye shekâr va neshan-e qodrat estefâde mikardand. Emruzah in sonnat dar bâr-khasi rustâ-hâ zende ast. Bâzdârân be parandegân âmuzesh midahand tâ tom'e râ donbâl konand. Bâz-hâ bâ cheshmân-e tizbin va bâl-hâ-ye qodratmand-e-shân shekârchiyân-e mâhari hastand. Man dar yek namâyesh-e bâzdâri sherkat kardam va az sor'at-e bâz hayrat-zade shodam. Kodakân bâ heyjân be parvâz-e bâz-hâ negâh mikardand. Pir-mard-e bâzdâr goft: «Bâz-hâ mesl-e jangjuyân-e bâstâni asil hastand.» In sonnat be man yâdâvari kard ke ensân va tabi'at hamishe hamzisti dâshteh-and.

Translation:

Falconry in Iran dates back millennia. Sassanian kings used falcons for hunting and as power symbols. Today, it survives in some villages. Trainers teach birds to chase prey. Falcons' keen eyes and powerful wings make them skilled hunters. I attended a falconry show, amazed by their speed. Children watched in awe. An elderly falconer said, "Falcons are like noble ancient warriors." This tradition highlighted humanity's coexistence with nature.

Paragraph 70: Caravanserais on the Silk Road

Persian:

کاروانسراهای ایران محل استراحت مسافران جادهی ابریشم بودند. این ساختمانهای بزرگ با دیوارهای بلند و حیاط مرکزی ساخته میشدند. مسافران میتوانستند اسبها و کالاهای خود را در کاروانسرا ایمن نگه دارند. برخی کاروانسراها مسجد و حمام هم داشتند. امروزه بسیاری از آنها به موزه یا هتل تبدیل شدهاند. من در یک کاروانسرای بازسازی شده اقامت کردم و معماری باشکوهش را تحسین کردم. راهنما گفت: «کاروانسراها نماد مهماننوازی ایرانیان هستند.» این بناها به من یادآوری کردند که ایران همیشه چهارراه تمدنها بوده است.

Romanization:

Kârvânsarâ-hâ-ye Irân mahall-e esterâhat-e mosâferân-e jâde-ye Abrisham budand. In sâkhtmân-hâ-ye bozorg bâ divâr-hâ-ye boland va hayât-e markazi sâkhte mishodand. Mosâferân mitavânestand asb-hâ va kâlâ-hâ-ye khod râ dar kârvânsarâ iman negah dârand. Bâr-khasi kârvânsarâ-hâ masjed va hammâm ham dâshtand. Emruzah besyâri az ânhâ be muze yâ hotel tabdil shode-and. Man dar yek kârvânsarâ-ye bâzsâzi shode eqâmat kardam va me'mâri-ye bâshokuh-e-sh râ tahsin kardam. Râhnemâ goft: «Kârvânsarâ-hâ nemâd-e mehmânnavâzi-ye Irâniân hastand.» In banâ-hâ be man yâdâvari kardand ke Irân hamishe chahârâh-e tamaddon-hâ budast.

Translation:

Iran's caravanserais were Silk Road rest stops. These grand structures had high walls and central courtyards. Travelers safely stabled horses and stored goods. Some included mosques and baths. Many are now museums or hotels. I stayed in a restored caravanserai, admiring its splendor. A guide said, "Caravanserais symbolize Iranian hospitality." These buildings reminded me Iran has always been a crossroads of civilizations.

Paragraph 71: Persian Miniature Painting

Persian:

نگارگری ایرانی هنری است که با رنگهای درخشان و جزئیات ظریف شناخته میشود. این نقاشیها اغلب صحنههای ادبی، تاریخی یا عاشقانه را به تصویر میکشند. هنرمندان از قلمموهای بسیار نازک و رنگهای طبیعی مانند لاجورد و زعفران استفاده میکنند. ابتدا طرح کلی با مداد کشیده میشود و سپس لایههای رنگ اضافه میگردد. نقوش گل و پرنده و طرحهای هندسی از عناصر اصلی این هنر هستند. در دورهی تیموری، نگارگری به اوج شکوفایی خود رسید. امروزه در موزهها، نسخههای خطی با مینیاتورهای زیبا نگهداری میشوند. من در کارگاه یک استاد نگارگری شاگردی کردم و یاد گرفتم چگونه ابرهای پیچیده بکشم. استاد گفت: «هر مینیاتور دنیایی است در یک صفحه.» این هنر به من آموخت که زیبایی در کوچکترین جزئیات پنهان است.

Romanization:

Negârgari-ye Irâni honari ast ke bâ rang-hâ-ye derakhshân va joz'iyât-e zarif shenâkhte mishavad. In naqâshi-hâ aghlab sahne-hâ-ye adabi, târikhi yâ âshenâne râ be tasvir mikeshand. Honarmandân az qalam-mow-hâ-ye besyâr nâzok va rang-hâ-ye tabi'i mesl-e lâjvard va za'ferân estefâde mikonand. Ebtedâ tarh-e kolli bâ medâd keshide mishavad va sepas lâye-hâ-ye rang ezâfe migardad. Naghosh-e gol va parande va tarh-hâ-ye hendesi az onsor-e asli-ye in honar hastand. Dar dowre-ye Teymuri, Negârgari be owj-e shekofâyi-ye khod resid. Emruzah dar muze-hâ, noskhe-hâ-ye khatti bâ miniyâtur-hâ-ye zibâ negahdâri mishavand. Man

*dar kârgâh-e yek ostâd-e Negârgari shâgerdi
kardam va yâd gereftam chegunegi abr-hâ-ye
pechide bekasham. Ostâd goft: «Har miniyâtur
donyâyi ast dar yek safhe.» In honar be man âmukht
ke zibâyi dar kuchek-tarin joz'iyât penhân ast.*

Translation:

*Persian miniature painting is an art form known
for vibrant colors and intricate details. These
paintings often depict literary, historical, or
romantic scenes. Artists use ultra-fine brushes and
natural pigments like lapis lazuli and saffron. First,
a pencil sketch outlines the composition, followed
by layers of color. Floral motifs, birds, and
geometric patterns are key elements. During the
Timurid era, miniature art reached its zenith. Today,
museums preserve manuscripts adorned with these
works. I apprenticed under a master miniaturist and
learned to paint intricate clouds. The master said,
"Each miniature is a universe on a page." This art
taught me beauty lies in the tiniest details.*

Paragraph 72: Caspian Sea Boat Building

Persian

در روستاهای ساحل دریای خزر، ساخت قایقهای چوبی هنری خانوادگی است. قایقسازان از چوب درختان بلوط و افرا استفاده میکنند. ابتدا بدنهی قایق را با تبر شکل میدهند و سپس با میخهای چوبی محکم میکنند. قایقها را با روغن کتان ضد آب میکنند تا در برابر امواج مقاوم باشند. این قایقها برای ماهیگیری و حمل بار در رودخانهها استفاده میشوند. پدربزرگم تعریف کرد که پدرش قایقی را در ۱۰ روز میساخت. امروزه برخی قایقها با موتور مجهز میشوند، اما روش سنتی هنوز زنده است. بوی چوب تراشیده شده و صدای چکشها فضای کارگاه را پر میکند. این هنر به من یادآوری کرد که سنتها با طبیعت پیوند خوردهاند.

Romanization:

Dar rustâ-hâ-ye sâhel-e daryâ-ye Khazar, sâkht-e qâyeq-hâ-ye choobi honari-ye khânevâdegi ast. Qâyeq-sâzân az choob-e derakhtân-e balout va afrâ estefâde mikonand. Ebtedâ badaneye qâyeq râ bâ tabar shekl midahand va sepas bâ mikh-hâ-ye choobi mohkam mikonand. Qâyeq-hâ râ bâ roghan-e katân zod-âb mikonand tâ dar barâbar-e amvâj moqâvem bâshand. In qâyeq-hâ barâye mâhigiri va haml-e bâr dar rudkhâne-hâ estefâde mishavand. Pedar-bozorgam ta'rif kard ke pedar-ash qâyeq-i râ dar 10 ruz misâkht. Emruzah bâr-khasi qâyeq-hâ bâ motor mojahhaz mishavand, ammâ ravesh-e sonnati hanuz zende ast. Buy-e choob-e tarâshide shode va sedâ-ye chekosh-hâ fazâ-ye kârgâh râ por mikonad. In honar be man yâdâvari kard ke sonnat-hâ bâ tabi'at peyvand khorde-and.

Translation:

In Caspian coastal villages, wooden boat-building is a family craft. Boatmakers use oak and maple wood. They shape hulls with axes and secure them with wooden pegs. Boats are waterproofed with linseed oil to withstand waves. These vessels are used for fishing and transporting goods. My grandfather shared how his father built a boat in 10 days. Today, some boats have motors, but traditional methods endure. The workshop smells of carved wood and echoing hammers. This craft reminded me traditions are intertwined with nature.

Paragraph 73: Qashqai Nomadic Migration

Persian

کوچ عشایر قشقایی هر سال در بهار و پاییز انجام میشود. آنها
چادرهای سیاه خود را جمع میکنند و با گلههای گوسفند به دنبال
چراگاههای تازه میروند. زنان در طول راه قالی میبافند و کودکان
در جمعآوری هیزم کمک میکنند. شبها دور آتش مینشینند و
داستانهای سفرهای گذشته را تعریف میکنند. قشقاییها با اسبهای
اصیل ایرانی سفر میکنند که برای تحمل راههای سخت آموزش
دیدهاند. یک روز به من یاد دادند چگونه دوغ محلی درست کنند.
این زندگی سخت اما آزاد به من نشان داد که خوشبختی در سادگی
است.

Romanization:

*Kuch-e ashâyer-e Qashqâyi har sâl dar bahâr va
pâ'iz anjâm mishavad. Ânhâ châdor-hâ-ye siyâh-e
khod râ jam' mikonand va bâ galle-hâ-ye gusfand
be donbâl-e charâgâh-hâ-ye tâze miravand. Zanân
dar tul-e râh qâli mibâfand va kodakân dar
jam'-âvari-ye hezam komak mikonand. Shab-hâ dur
âtash mineshinand va dâstân-hâ-ye safar-hâ-ye
gozashte râ ta'rif mikonand. Qashqâyi-hâ bâ
asb-hâ-ye asil-e Irâni safar mikonand ke barâye
tahammol-e râh-hâ-ye sakht âmuzesh dide-and. Yek
ruz be man yâd dâdand chegunegi dough-e mahalli
dorost konand. In zendegi-ye sakht ammâ âzâd be
man neshan dâd ke khoshbakhti dar sâdegi ast.*

Translation:

The Qashqai nomads migrate biannually in spring and autumn. They pack black tents and lead sheep herds to fresh pastures. Women weave carpets en route, while children gather firewood. Nights are spent sharing travel tales around fires. They ride purebred Iranian horses trained for rugged terrain. One day, they taught me to make traditional yogurt drink. This tough yet free life taught me happiness lies in simplicity.

Paragraph 74: Persian Calligraphy in Modern Design

Persian

خوشنویسی فارسی امروزه در طراحی لوگو و پوسترهای مدرن استفاده میشود. هنرمندان خط نستعلیق یا شکستهنستعلیق را با گرافیک دیجیتال ترکیب میکنند. در یک نمایشگاه، تابلویی دیدم که شعر حافظ با نورپردازی مدرن نوشته شده بود. استاد خوشنویس گفت: «خط فارسی روحی دارد که با تکنولوژی هماهنگ میشود.» برخی شرکتها از خوشنویسی در بستهبندی محصولات خود استفاده میکنند تا هویت ایرانی را نشان دهند. من در یک کارگاه خطاطی شرکت کردم و یاد گرفتم چگونه مرکب را روی کاغذ ابری پخش کنم. این هنر قدیمی به من آموخت که سنت و مدرنیته میتوانند با هم زیبا باشند.

Romanization:

Khoshnevisi-ye Fârsi emruzah dar tarrahi-ye logho va poster-hâ-ye modern estefâde mishavad. Honarmandân khatt-e Nasta'liq yâ Shekaste-Nasta'liq râ bâ grâfik-e dijitâl tarkib mikonand. Dar yek namâyeshgâh, tâbloui didam ke she'r-e Hâfez bâ nurpardâzi-ye modern neveshte shode bud. Ostâd-e Khoshnevis goft: «Khatt-e Fârsi ruhi dârad ke bâ teknoloži hamâhang mishavad.» Bâr-khasi sherkat-hâ az Khoshnevisi dar bâste-bandimahsolât-e khod estefâde mikonand tâ hoviyyat-e Irâni râ neshan dahand. Man dar yek kârgâh-e Khoshnevisi sherkat kardam va yâd gereftam chegunegi morakkab râ roy-e kâghaz-e

*abri pakhsh konam. In honar-e qadimi be man
âmukht ke sonnat va modernite mitavânand bâ ham
zibâ bâshand.*

Translation:
*Persian calligraphy now inspires modern logos and
posters. Artists blend Nasta'liq or Shekaste scripts
with digital graphics. At an exhibition, I saw
Hafez's poetry written with neon lights. A
calligrapher said, "Persian script has a soul that
harmonizes with technology." Some brands use
calligraphy in packaging to reflect Iranian identity.
I joined a workshop and learned to spread ink on
marbled paper. This ancient art taught me tradition
and modernity can coexist beautifully.*

Paragraph 75: Celebrating Sadeh Festival

Persian

جشن سده در دهم ماه بهمن برگزار میشود و نماد پیروزی روشنایی بر تاریکی است. مردم هیزم جمع میکنند و آتش بزرگی روشن میکنند. در گذشته، این جشن توسط کشاورزان برای طلب باران انجام میشد. امروزه در برخی شهرها، مردم دور آتش میرقصند و شعر میخوانند. کودکان با پریدن از روی آتش کوچک شادی میکنند. پیرمردی تعریف کرد که در جوانی این جشن سه روز طول میکشید. بوی آتش و صدای سازهای محلی فضای جشن را پر کرده بود. این مراسم به من یادآوری کرد که طبیعت همیشه در قلب فرهنگ ماست.

Romanization:

Jashn-e Sade dar dahom-e Bahman mâh bargozâr mishavad va nemâd-e piruzi-ye rowshanâyi bar târiki ast. Mardom hezam jam' mikonand va âtash-e bozorgi rowshan mikonand. Dar gozashte, in jashn tavassot-e kesâvarzân barâye talab-e bârân anjâm mishod. Emruzah dar bâr-khasi shahr-hâ, mardom dur âtash miraghsind va she'r mikhânand. Kodakân bâ paridan az roy-e âtash-e kuchek shâdi mikonand. Pir-mardi ta'rif kard ke dar javâni in jashn se ruz tul mikeshid. Buy-e âtash va sedâ-ye sâz-hâ-ye mahalli fazâ-ye jashn râ por karde bud. In marâsem be man yâdâvari kard ke tabi'at hamishe dar ghalb-e farhang-e mâst.

Translation:

The Sadeh Festival, held on January 30th, celebrates light overcoming darkness. People gather wood and light a grand bonfire. Historically, farmers performed it to pray for rain. Today, in some cities, crowds dance around fires and recite poetry. Children leap over small flames for joy. An elder shared how the festival lasted three days in his youth. The scent of fire and folk music filled the air. This ritual reminded me nature remains at the heart of our culture.

Persian paragraph; 76

About India

هندوستان، کشوری پهناور در جنوب آسیا است که به خاطر تنوع فرهنگی و تاریخ غنیاش شناخته میشود. این کشور با نام رسمی جمهوری هند، دومین کشور پرجمعیت جهان است. پایتخت هند شهر دهلی نو است و شهرهای بزرگی مانند بمبئی و بنگلور در آن قرار دارند. زبانهای اصلی این کشور هندی و انگلیسی هستند، اما صدها زبان محلی دیگر نیز رواج دارد. هند زادگاه ادیانی مانند هندوئیسم، بودیسم، و جینیسم است و مکانی برای همزیستی ادیان مختلف است. تاجمحل، بنای مرمرین سفید در آگرا، نماد عشق و یکی از عجایب دنیاست. غذاهای هندی با ادویههای منحصربهفردشان، مانند کاری و سماق، شهرت جهانی دارند. جشنوارههایی همچون هولی و دیوالی، رنگ و شادی را به زندگی مردم میآورند. رود گنگ برای هندوها مقدس است و میلیونها نفر در آن غسل آیینی انجام میدهند. هند در زمینه فناوری اطلاعات پیشرو است و بسیاری از شرکتهای بزرگ جهانی در آن فعالیت میکنند. ساری و کورتا، لباسهای سنتی این کشور، نشاندهنده هنر و اصالت فرهنگی آن هستند. طبیعت هند از کوههای هیمالیا تا سواحل گوا و جنگلهای انبوه، بینظیر است. صنعت سینمای بالیوود، بزرگترین تولیدکننده فیلم در جهان است. مردم هند به مهماننوازی و احترام به سنتها معروفند. هند با ترکیب سنت و مدرنیته، همیشه به عنوان سرزمین عجایب شناخته شده است.

Roman Transliteration:

Hendustān, keshvari pohnāvar dar jonub-e Āsiyā
ast ke be khāter-e tanavvo'-e farhangi va tārikh-e
qeybi-ash shenākhte mishavad. In keshvar bā nām-e
rasmi-e Jomhuri-ye Hend, dovvomin keshvar-e

porjamyat-e jahān ast. Pāytakht-e Hend shahr-e
Dehli-ye Now ast va shahr-hā-ye bozorgi mesl-e
Bombay va Bangalore dar ān qarār dārand.
Zabān-hā-ye asli-ye in keshvar Hindi va Englisi
hastand, ammā sadhā zabān-e mahalli-ye digar niz
rovaj dārad. Hend zādgāh-e adyāni mesl-e
Hindūism, Budism, va Jainism ast va makāni
barā-ye hamziyesti-e adyān-e motevazze ast. Tāj
Mahal, banā-ye marmarin-e sefid dar Āgrā,
namād-e eshq va yeki az ajāyeb-e donyāst.
Ghazā-hā-ye Hendi bā adviye-hā-ye
monhasefbe-fardeshān, mesl-e kāri va somāgh,
shohrat-e jahāni dārand. Jashnvāreh-hāyi
hamchon-e Holi va Diwāli, rang va shādi rā be
zendegi-ye mardom miyāvarand. Rud-e Gang
barā-ye Hendu-hā moqaddas ast va milyon-hā nafar
dar ān ghosl-e āyini anjām midahand. Hend dar
zamine-ye fanāvari-e ettelā'āt pishro ast va besyāri
az sherkat-hā-ye bozorg-e jahāni dar ān fa'āliyat
mikonand. Sāri va Kurtā, lebās-hā-ye sonnati-ye in
keshvar, neshandahande-ye honar va asālat-e
farhangi-ye ān hastand. Tabi'at-e Hend az kuh-hā-ye
Himālayā tā savāhel-e Goa va jangal-hā-ye anbuh,
binazir ast. Sannat-e sinemā-ye Bollywood,
bozorg-tarin towlid-konande-ye film dar jahān ast.
Mardom-e Hend be mehmānnavāzi va ehterām be
sonnat-hā ma'rufand. Hend bā tarkib-e sonnat va
modernite, hamishe be onvān-e sarzamin-e ajāyeb
shenākhte shode ast.

English Translation:

India, a vast country in South Asia, is known for its cultural diversity and rich history. Officially called the Republic of India, it is the second most populous country in the world. The capital is New Delhi, and major cities like Mumbai and Bangalore are located there. The primary languages are Hindi and English, but hundreds of local languages are also spoken. India is the birthplace of religions like Hinduism, Buddhism, and Jainism, and a place of coexistence for diverse faiths. The Taj Mahal, a white marble mausoleum in Agra, is a symbol of love and one of the wonders of the world. Indian cuisine, with its unique spices like curry and sumac, has global fame. Festivals like Holi and Diwali bring color and joy to people's lives. The Ganges River is sacred to Hindus, and millions perform ritual baths in it. India is a leader in information technology, with many global companies operating there. Traditional attire like the sari and kurta reflects its cultural artistry and authenticity. India's nature, from the Himalayas to Goa's beaches and dense forests, is unparalleled. The Bollywood film industry is the largest movie producer globally. Indians are renowned for hospitality and respect for traditions. Combining tradition and modernity, India has always been celebrated as a land of wonders.

About Japan

ژاپن، کشوری جزیره های در شرق آسیا است که به فرهنگ منحصر به فرد و پیشرفت تکنولوژیکیاش معروف است. پایتخت این کشور توکیو است که یکی از پرجمعیتترین شهر های جهان محسوب میشود. زبان رسمی ژاپنی است و خط کانجی، هیراگانا، و کاتاکانا در نوشتار استفاده میشوند. فرهنگ ژاپن ترکیبی از سنتهای دیرینه و نوآوریهای مدرن است. مراسم چای، هنر خوشنویسی، و نمایشهای کابوکی بخشی از میراث فرهنگی این کشور هستند. کوه فوجی، بلندترین کوه ژاپن، نمادی طبیعی و مقدس برای مردم این سرزمین است. صنعت خودروسازی و رباتیک ژاپن در سطح جهانی پیشرو است. غذاهای ژاپنی مانند سوشی، رامن، و تمپورا طرفداران زیادی در سراسر دنیا دارند. فصل بهار با شکوفههای گیلاس (ساکورا) زیبایی خاصی به این کشور میبخشد. معابد بودایی و زیارتگاههای شینتوئیسم در سراسر ژاپن پراکندهاند. سیستم حملونقل عمومی، شامل قطار های شینکانسن، بسیار سریع و منظم است. ورزشهای سنتی مانند سومو و هنرهای رزمی مانند جودو از ژاپن سرچشمه گرفتهاند. جشنوارههای ماتسوری با رقصها و آتشبازیهای رنگارنگ برگزار میشوند. مردم ژاپن به سختکوشی، ادب، و حفظ هارمونی اجتماعی شناخته میشوند. ژاپن با ترکیب ظریف سنت و مدرنیته، الگویی از تعادل و پیشرفت است.

Roman Transliteration:

Jāpon, keshvari-ye jazireh-i dar shargh-e Āsiyā ast ke be farhang-e monhaser be fard va pishraft-e teknoložik-ash ma'ruf ast. Pāytakht-e in keshvar Tōkyō ast ke yeki az porjamyat-tarin shahr-hā-ye

jahān mahsūb mishavad. Zabān-e rasmi Zhāponi ast
va khatt-e Kānji, Hirāganā, va Kātākānā dar
neveshtār estefāde mishavand. Farhang-e Zhāpon
tarkibi az sonnat-hā-ye dirine va noāvari-hā-ye
modern ast. Marāsem-e chāy, honar-e khoshnevisi,
va namāyesh-hā-ye Kābooki bakhshi az mirās-e
farhangi-ye in keshvar hastand. Kūh-e Fuji,
boland-tarin kūh-e Zhāpon, namādi-ye tabi'i va
moqaddas barā-ye mardom-e in sarzamin ast.
Sannat-e khodrowsāzi va rābātik-e Zhāpon dar
sath-e jahāni pishro ast. Ghazā-hā-ye Zhāponi
mesl-e Sushi, Rāmen, va Tempurā tarafdārān-e ziādi
dar sarāsar-e donyā dārand. Fasl-e bahār bā
shokoufe-hā-ye gilās (Sakurā) zibāyi-ye khāssi be in
keshvar mibakhshad. Ma'ābed-e Boodāyi va
ziyāratgāh-hā-ye Shintoism dar sarāsar-e Zhāpon
parākande-and. Sisteme hamele-o-naql-e omumi,
shāmele qatār-hā-ye Shinkansen, besyār sari' va
montazam ast. Varzesh-hā-ye sonnati mesl-e Sumō
va honar-hā-ye razmi mesl-e Judo az Zhāpon
sarcheshme gerefte-and. Jashnvāreh-hā-ye Matsuri
bā raghs-hā va ātashbāzi-hā-ye rangārang bar-gozār
mishavand. Mardom-e Zhāpon be sakhtkoushi,
adab, va hefz-e hārmoni-ye ejtemā'i shenākhte
mishavand. Zhāpon bā tarkib-e zaref-e sonnat va
modernite, olgouyi az ta'ādol va pishraft ast.

English Translation:
Japan, an island country in East Asia, is renowned

for its unique culture and technological advancements. Its capital, Tokyo, is one of the most populous cities in the world. The official language is Japanese, using Kanji, Hiragana, and Katakana scripts. Japanese culture blends ancient traditions with modern innovation. Tea ceremonies, calligraphy, and Kabuki theater are part of its cultural heritage. Mount Fuji, Japan's tallest peak, is a sacred natural symbol. Japan leads globally in automotive and robotics industries. Dishes like sushi, ramen, and tempura are beloved worldwide. Spring cherry blossoms (sakura) add unique beauty to the country. Buddhist temples and Shinto shrines are scattered across Japan. The public transport system, including Shinkansen trains, is fast and efficient. Traditional sports like sumo and martial arts like judo originated here. Matsuri festivals feature colorful dances and fireworks. The Japanese are known for diligence, politeness, and social harmony. Japan's delicate fusion of tradition and modernity sets a model of balance and progress.

Paragraph 78: Japan

Persian:

ژاپن کشوری جزیرهای در شرق آسیا است. توکیو پایتخت این
کشور پرجنبوجوش است. مردم ژاپن به فرهنگ و ادب معروف
هستند. معبدهای قدیمی کیوتو و برج توکیو از جاذبههای معروف
آن است. سوشی و رامن غذاهای محبوب ژاپنیها هستند. فصل بهار
با شکوفههای گیلاس (ساکورا) بسیار زیبا میشود. قطارهای
سریعالسیر شینکانسن از پیشرفتهترین سیستمهای حملونقل دنیاست.
کودکان در مدرسههای ژاپن نظم و سختکوشی یاد میگیرند.
جشنوارههای تابستانی با فانوسها و رقصهای سنتی برگزار میشود.
ژاپن ترکیبی جذاب از سنت و تکنولوژی است.

Romanization:

Jâpan keshvari jazire-i dar sharq-e Âsiyâ ast.
Tokyo pâyetakht-e in keshvar-e por-jonb-o-josh ast.
Mardom-e Jâpan be farhang va adab ma'ruf
hastand. Ma'bad-hâ-ye qadimi-ye Kiyoto va borj-e
Tokyo az jâzebe-hâ-ye ma'ruf-e ân ast. Sushi va
Râmen ghazâ-hâ-ye mahbub-e Jâpani-hâ hastand.
Fasl-e bahâr bâ shekofte-hâ-ye gilâs (Sakura)
besyâr zibâ mishavad. Qatâr-hâ-ye sari'ol-sayr-e
Shinkansen az pishrafte-tarin sistem-hâ-ye
haml-o-naql-e donyâst. Kodakân dar madrese-hâ-ye
Jâpan nazm-o-saxtkoshi yâd migirand.
Jashnvâre-hâ-ye tâbestâni bâ fânus-hâ va
raghs-hâ-ye sonnati bargozâr mishavad. Jâpan
tarkibi-ye jâzeb az sonnat va teknoloži ast.

Translation:

Japan is an island country in East Asia. Tokyo is its bustling capital. Japanese people are known for their culture and politeness. Ancient temples in Kyoto and the Tokyo Tower are famous attractions. Sushi and ramen are beloved Japanese foods. Spring becomes beautiful with cherry blossoms (Sakura). The Shinkansen bullet trains are among the world's most advanced transportation systems. Children learn discipline and diligence in Japanese schools. Summer festivals feature lanterns and traditional dances. Japan blends tradition and technology in a fascinating way.

Paragraph 79: Brazil

Persian:

برزیل بزرگترین کشور آمریکای جنوبی است. ریودوژانیرو با مجسمهی مسیح منجی و ساحلهای زیبا معروف است. کارناوال برزیل با رقص سامبا و لباسهای رنگارنگش جهانیان را محصور میکند. جنگلهای آمازون، ریههای زمین، در این کشور قرار دارد. فوتبال در خون مردم برزیل است و ستارههایی چون پله و نیمار دارد. قهوهی برزیلی یکی از بهترینهای جهان است. مردم برزیل خونگرم و مهماننواز هستند. غذای ملی آنها فیژوآدا (خورش لوبیا) است. برزیل طبیعتی بینظیر از آبشارها تا جنگلهای بارانی دارد.

Romanization:

Brezil bozorg-tarin keshvar-e Amrikâ-ye jonubi ast. Rio de Janeiro bâ mojasame-ye masih-e manji va sâhel-hâ-ye zibâ ma'ruf ast. Kârnâvâl-e Brezil bâ raghs-e Sâmbâ va lebâs-hâ-ye rangârangash jahâniân râ mahsur mikonad. Jangal-hâ-ye Âmâzon, riye-hâ-ye zamin, dar in keshvar qarâr dârad. Futbâl dar khun-e mardom-e Brezil ast va setâre-hâyi chon Pelé va Neymâr dârad. Ghahve-ye Brezili yeki az behtarin-hâ-ye jahân ast. Mardom-e Brezil khun-garm va mehmânnavâz hastand. Ghazâ-ye melli-ye ânhâ Feijoada (khoresh-e lubiâ) ast. Brezil tabi'ati bi-nazir az âbshâr-hâ tâ jangal-hâ-ye bârâni dârad.

Translation:

Brazil is the largest country in South America. Rio de Janeiro is famous for the Christ the Redeemer

*statue and beautiful beaches. The Brazilian
Carnival captivates the world with samba dancing
and colorful costumes. The Amazon rainforest,
Earth's lungs, lies here. Football is in Brazilians'
blood, with legends like Pelé and Neymar. Brazilian
coffee is among the world's best. Brazilians are
warm-hearted and hospitable. Their national dish is
Feijoada (bean stew). Brazil has unparalleled
natural beauty, from waterfalls to rainforests.*

Paragraph 80: Egypt

Persian:

مصر کشوری در شمال آفریقا با تاریخی هزاران ساله است. اهرام جیزه و ابوالهول نمادهای تمدن باستانی مصر هستند. رود نیل، طولانیترین رود جهان، از میان این کشور میگذرد. مردم مصر به زبان عربی صحبت میکنند و مهماننوازی بخشی از فرهنگ آنهاست. غذاهایی مانند کوشاری و فلافل بسیار محبوبند. بازار خان الخلیلی در قاهره پر از صنایع دستی و ادویه است. کشتیهای تفریحی روی نیل مناظر تاریخی را نشان میدهند. مصر ترکیبی جذاب از تاریخ و زندگی مدرن است.

Romanization:

Mesr keshvari dar shomâl-e Afriqâ bâ târikhi hezârân sâle ast. Ahram-e Jize va Abolhol nemâd-hâ-ye tamaddon-e bâstâni-ye Mesr hastand. Rud-e Nil, tulâni-tarin rud-e jahân, az miyân-e in keshvar migzarad. Mardom-e Mesr be zabân-e Arabi sohbat mikonand va mehmânnavâzi bakhshi az farhang-e ânhâst. Ghazâ-hâyi mesl-e Koshari va Falâfel besyâr mahbuband. Bâzâr-e Khân el-Khalili dar Qâhere por az sanâye'-e dasti va adviye ast. Keshti-hâ-ye tafrihi roy-e Nil manâzer-e târikhi râ neshan midahand. Mesr tarkibi-ye jâzeb az târikh va zendegi-ye modern ast.

Translation:

Egypt is a North African country with millennia of history. The Pyramids of Giza and the Sphinx symbolize its ancient civilization. The Nile River, the *world's longest, flows through Egypt. Egyptians speak Arabic and value hospitality. Dishes like Koshari and falafel are widely loved. Cairo's Khan el-Khalili market brims with handicrafts and spices. Nile cruises showcase historic landscapes. Egypt blends ancient history and modern life.*

Paragraph 81: Italy

Persian

ایتالیا در جنوب اروپا قرار دارد و به فرهنگ و هنر معروف است. رم، پایتخت آن، شهر واتیکان و کولوسئوم را در خود جای داده است. پیتزا و پاستا غذاهای محبوب ایتالیاییها هستند. ونیز با کانالها و گوندولاهایش شهرت جهانی دارد. هنرمندانی مانند لئوناردو داوینچی و میکلآنژ از این کشور برخاستهاند. فصل بهار با جشنوارههای گل و موسیقی زنده میشود. ایتالیا همچنین به مد و اتومبیلهای لوکس معروف است. مردم ایتالیا پرجنبوجوش و عاشق زندگی هستند.

Romanization:

Itâliyâ dar jonub-e Orupâ qarâr dârad va be farhang va honar ma'ruf ast. Rom, pâyetakht-e ân, shahr-e Vâtikân va Kolose'om râ dar khod jâye dâde ast. Pizza va Pâstâ ghazâ-hâ-ye mahbub-e Itâliyâyi-hâ hastand. Veniz bâ kânâl-hâ va Gondolâ-hâsh shohrat-e jahâni dârad. Honarmandâni mesl-e Leonardo da Vinci va Michelangelo az in keshvar barkhâste-and. Fasl-e bahâr bâ jashnvâre-hâ-ye gol va musiqi zende mishavad. Itâliyâ hamchenin be mod va otomobil-hâ-ye lucks ma'ruf ast. Mardom-e Itâliyâ por-jonb-o-josh va âsheq-e zendegi hastand.

Translation:

Italy is in Southern Europe, renowned for its culture and art. Rome, its capital, houses the Vatican and the Colosseum. Pizza and pasta are iconic Italian foods. Venice is famous for canals and gondolas. Artists like Leonardo da Vinci and Michelangelo hail from here. Spring comes alive with flower festivals and music. Italy is also known for fashion and luxury cars. Italians are lively and love life.

Paragraph 82: India

Persian

هند کشوری پهناور در جنوب آسیا با تنوع فرهنگی بینظیر است.
تاجمحل در آگرا نماد عشق و معماری باشکوه است. غذاهای هندی
مانند کاری و نان پر ادویه و خوشطعم هستند. جشنواره‌ی رنگ
(هولی) و دیوالی از معروفترین جشنهای هندند. زبانهای زیادی
مانند هندی و انگلیسی در این کشور صحبت میشود. بودیسم و یوگا
ریشه در فرهنگ هند دارند. قطارهای شلوغ و بازارهای
پرجنبوجوش بخشی از زندگی روزمره است. هند ترکیبی جذاب از
سنت و مدرنیته است.

Romanization:

*Hend keshvari-ye pahnâvar dar jonub-e Âsiyâ bâ
tanavvo'-e farhangi-ye bi-nazir ast. Tâj-Mahal dar
Âgrâ nemâd-e eshgh va me'mâri-ye bâshokuh ast.
Ghazâ-hâ-ye Hendi mesl-e Kâri va Nân por adviye
va khosh-ta'm hastand. Jashnvâre-ye rang (Holi) va
Diyâli az ma'ruf-tarin jashn-hâ-ye Hendand.
Zabân-hâ-ye ziâdi mesl-e Hendi va Englisi dar in
keshvar sohbat mishavad. Budism va Yogâ rishe dar
farhang-e Hend dârand. Qatâr-hâ-ye sholugh va
bâzâr-hâ-ye por-jonb-o-josh bakhshi az zendegi-ye
ruzmarre ast. Hend tarkibi-ye jâzeb az sonnat va
modernite ast.*

Translation:

*India is a vast South Asian country with unmatched
cultural diversity. The Taj Mahal in Agra
symbolizes love and grand architecture. Indian*

foods like curry and naan are spicy and flavorful. The Holi festival and Diwali are iconic celebrations. Many languages, like Hindi and English, are spoken here. Buddhism and yoga originate from Indian culture. Crowded trains and bustling markets define daily life. India is a captivating mix of tradition and modernity.

Paragraph 83: Canada

Persian:

کانادا دومین کشور بزرگ جهان است و دو زبان رسمی انگلیسی و فرانسوی دارد. اُتاوا پایتخت آن و تورنتو پرجمعیتترین شهر آن است. طبیعت کانادا با کوههای راکی، جنگلهای وسیع، و دریاچههای خیرهکننده شناخته میشود. مردم کانادا به مهماننوازی و ادب معروف هستند. ورزش هاکی محبوبترین ورزش ملی است. غذاهایی مانند پوتین (سیبزمینی با پنیر و سس) و شیر افرا از خوراکیهای معروف کاناداییاند. فصل پاییز با رنگهای نارنجی و قرمز درختان بسیار زیبا میشود. جشنوارهی نور شمالی در یوکان یکی از جذابیتهای این کشور است.

Romanization:

Kânâdâ dovvomin keshvar-e bozorg-e jahân ast va do zabân-e rasmi Englisi va Farânsavi dârad. Ottâvâ pâyetakht-e ân va Toronto por-jam'iyat-tarin shahr-e ân ast. Tabi'at-e Kânâdâ bâ kuh-hâ-ye Râki, jangal-hâ-ye vasi', va daryâche-hâ-ye khire-konande shenâkhte mishavad. Mardom-e Kânâdâ be mehmânnavâzi va adab ma'ruf hastand. Varzesh-e Hâki mahbub-tarin varzesh-e melli ast. Ghazâ-hâyi mesl-e Poutine (sib-zamini bâ panir va sos) va Shir-e Afrâ az khâraki-hâ-ye ma'ruf-e Kânâdâyi-and. Fasl-e pâ'iz bâ rang-hâ-ye nârenji va ghermez-e derakhtân besyâr zibâ mishavad. Jashnvâre-ye Nur-e Shomâli dar Yukon yeki az jazâbe-hâ-ye in keshvar ast.

Translation:

Canada is the second-largest country in the world and has two official languages: English and French. Ottawa is its capital, and Toronto is its most populous city. Canada's nature is known for the Rocky Mountains, vast forests, and stunning lakes. Canadians are famous for hospitality and politeness. Hockey is the most popular national sport. Dishes like poutine (fries with cheese and gravy) and maple syrup are iconic. Autumn is breathtaking with orange and red foliage. The Northern Lights Festival in Yukon is a major attraction.

Paragraph 84: Australia

Persian

استرالیا تنها کشوری است که یک قارهی کامل است. سیدنی با
اپراخانهی معروفش و ملبورن با جشنوارههای هنری شناخته
میشود. طبیعت استرالیا شامل صخرهی اولورو، سد بزرگ
مرجانی، و حیوانات منحصربهفردی مانند کانگورو و کوالاست.
مردم استرالیا عاشق ورزش و طبیعتگردی هستند. غذاهایی مانند
پای گوشت (میت پای) و وژیمیت (خمیر خوراکی شور) محبوبند.
برای قدردانی از سربازان برگزار (ANZAC Day) روز آنزاک
میشود. ساحلهای طلایی و موجسواری بخشی از فرهنگ
استرالیایی است.

Romanization:

*Ostrâliyâ tanhâ keshvari ast ke yek ghârre-ye
kâmel ast. Sydney bâ Operâ-khâne-ye ma'ruf-ash
va Melbourne bâ jashnvâre-hâ-ye honari shenâkhte
mishavad. Tabi'at-e Ostrâliyâ shâmel-e sakhre-ye
Uluru, sad-e bozorg-e marjâni, va heyvânât-e
monhaser-be-fardi mesl-e Kângoro va Koâlâst.
Mardom-e Ostrâliyâ âsheq-e varzesh va
tabi'at-gardi hastand. Ghazâ-hâyi mesl-e Pâi-e
Gusht (Meat Pie) va Vegemite (khamir-e khâraki-ye
shur) mahbuband. Ruz-e Anzâk (ANZAC Day)
barâye qadrdâni az sarbâzân bargozâr mishavad.
Sâhel-hâ-ye talâyi va mouj-savâri bakhshi az
farhang-e Ostrâliyâyi ast.*

Translation:

Australia is the only country that is an entire

continent. Sydney is famous for its Opera House, and Melbourne for its art festivals. Australia's nature includes Uluru, the Great Barrier Reef, and unique animals like kangaroos and koalas. Australians love sports and outdoor adventures. Dishes like meat pies and Vegemite are popular. ANZAC Day honors soldiers. Golden beaches and surfing are integral to Australian culture.

Paragraph 85: France

Persian

فرانسه به فرهنگ، هنر، و غذاهای لذیذش معروف است. پاریس،
شهر عشق، با برج ایفل و موزهی لوور شناخته میشود. غذاهایی
مانند کرواسان، باگت، و پنیرهای فرانسوی در جهان مشهورند.
منطقهی پروانس با مزارع اسطوخودوس و روستاهای رنگارنگ
بسیار زیباست. جشن باستیل در ۱۴ ژوئیه با آتشبازی و رقص
برگزار میشود. مردم فرانسه به مد و سبک زندگی خاص خود
شناخته میشوند. رود سن و کافههای کنار خیابان بخشی از جذابیت
پاریس است.

Romanization:

*Farânse be farhang, honar, va ghazâ-hâ-ye
lazziz-ash ma'ruf ast. Pâris, shahr-e eshq, bâ borj-e
Eiffel va muze-ye Louvre shenâkhte mishavad.
Ghazâ-hâyi mesl-e Croissant, Bâguette, va
panir-hâ-ye Farânsavi dar jahân mashhurand.
Mantaqe-ye Provence bâ mazâre'-e ostokhoddos va
rustâ-hâ-ye rangârang besyâr zibâst. Jashn-e Bâstil
dar 14 Zhuiye bâ âtashbâzi va raghs bargozâr
mishavad. Mardom-e Farânse be mod va sabk-e
zendegi-ye khâss-e khod shenâkhte mishavand.
Rud-e Seine va kâfe-hâ-ye kenâr-e khiyâbân
bakhshi az jazâbe-hâ-ye Pâris ast.*

Translation:

*France is famous for its culture, art, and delicious
cuisine. Paris, the city of love, is known for the
Eiffel Tower and the Louvre. Dishes like croissants,*

baguettes, and French cheeses are world-famous. Provence dazzles with lavender fields and colorful villages. Bastille Day on July 14 features fireworks and dancing. The French are known for fashion and their unique lifestyle. The Seine River and sidewalk cafés add to Paris's charm.

Paragraph 86: Mexico

Persian

مکزیک در آمریکای مرکزی قرار دارد و به فرهنگ
پرجنبوجوش و غذاهای تندش معروف است. مکزیکوسیتی پایتخت
آن و یکی از بزرگترین شهرهای جهان است. اهرام باستانی مایاها
و آزتکها مانند چیکن ایتزا از جاذبههای تاریخیاند. روز مردگان
با ماسکها و گلهای رنگارنگ جشنی (Día de los Muertos)
فراموشنشدنی است. غذاهایی مانند تاکو، گواکامولی، و موله (سس
شکلاتی فلفلی) محبوب هستند. مردم مکزیک به موسیقی ماریاچی
و رقصهای سنتی علاقهی زیادی دارند.

Romanization:

 Meksik dar Amrikâ-ye markazi qarâr dârad va be
farhang-e por-jonb-o-josh va ghazâ-hâ-ye tond-ash
ma'ruf ast. Mexico City pâyetakht-e ân va yeki az
bozorg-tarin shahr-hâ-ye jahân ast. Ahram-hâ-ye
bâstâni-ye Mâyâ-hâ va Âztek-hâ mesl-e Chichen
Itza az jâzebe-hâ-ye târikhi-and. Ruz-e Mordanegân
(Día de los Muertos) bâ mâsk-hâ va gol-hâ-ye
rangârang jashni farâmushesh-nedâni ast.
Ghazâ-hâyi mesl-e Tâko, Guacamole, va Mole
(sos-e shokolâti-ye felfeli) mahbub hastand.
Mardom-e Meksik be musiqi-ye Mâriâchi va
raghs-hâ-ye sonnati âlâqe-ye ziâdi dârand.

Translation:

 Mexico is in Central America, known for its vibrant
culture and spicy cuisine. Mexico City is its capital
and one of the world's largest cities. Ancient

pyramids like Chichen Itza are historic attractions. The Day of the Dead (Día de los Muertos) is unforgettable with colorful masks and flowers. Dishes like tacos, guacamole, and mole (chocolate-chili sauce) are beloved. Mexicans love mariachi music and traditional dances.

Paragraph 87: South Africa

Persian

آفریقای جنوبی در جنوبیترین نقطهی قارهی آفریقا قرار دارد. این کشور به تنوع فرهنگی و طبیعت خارقالعادهاش معروف است. کیپتاون با کوه تیبل و ساحلهای دیدنی یکی از زیباترین شهرهای جهان است. پارک ملی کروگر خانهی حیوانات بزرگی مانند فیل، شیر، و کرگدن است. نلسون ماندلا، قهرمان مبارزه با آپارتاید، از این کشور برخاست. غذاهایی مانند بریانی کیپ مالایی و براای (گوشت کبابی) محبوبند. مردم آفریقای جنوبی به ۱۱ زبان رسمی صحبت میکنند.

Romanization:

Afriqâ-ye Jonubi dar jonubi-tarin noqte-ye qârre-ye Afriqâ qarâr dârad. In keshvar be tanavvo'-e farhangi va tabi'at-e khâreq-ol'âde-ash ma'ruf ast. Cape Town bâ kuh-e Table va sâhel-hâ-ye didani yeki az zibâ-tarin shahr-hâ-ye jahân ast. Pârk-e melli-ye Kruger khâne-ye heyvânât-e bozorgi mesl-e fil, shir, va kargadan ast. Nelson Mandela, qahramân-e mobâreze bâ Âpârtheid, az in keshvar barkhâst. Ghazâ-hâyi mesl-e Biryâni-ye Cape Malay va Braai (gusht-e kabâbi) mahbuband. Mardom-e Afriqâ-ye Jonubi be 11 zabân-e rasmi sohbat mikonand.

Translation:

South Africa lies at the southern tip of Africa. It's known for cultural diversity and stunning nature. Cape Town, with Table Mountain and scenic coasts, is one of the world's most beautiful cities. Kruger National Park is home to elephants, lions, and rhinos. Nelson Mandela, the anti-apartheid hero, emerged from here. Dishes like Cape Malay biryani and braai (barbecue) are popular. South Africans speak 11 official languages.

Paragraph 88: Germany

Persian:

آلمان در قلب اروپا قرار دارد و به صنعت، فرهنگ، و تاریخ غنیاش معروف است. برلین پایتخت آن و شهری پر از گالریهای هنری و بناهای تاریخی است. قلعهی نویشوانشتاین در باواریا شبیه قصر ههای افسانهای است. آلمانیها به نظم و سختکوشی شناخته میشوند. غذاهایی مانند سوسیس براتیورست و پرتزل (نان نمکی) بسیار محبوبند. جشنوارهی اکتبرفست در مونیخ بزرگترین جشن آبجو در جهان است. جنگل سیاه با مناظر طبیعی و روستاهای چوبی زیبا گردشگران را جذب میکند. آلمان همچنین به ماشینهای لوکس مانند مرسدس و بیامو معروف است.

Romanization:

Âlmân dar ghalb-e Orupâ qarâr dârad va be san'at, farhang, va târikh-e qeyni-ash ma'ruf ast. Berlin pâyetakht-e ân va shahri por az gâleri-hâ-ye honari va banâ-hâ-ye târikhi ast. Qal'e-ye Neuschwanstein dar Bâvâriâ shabih-e qasr-hâ-ye afsâne-i ast. Âlmâni-hâ be nazm-o-saxtkoshi shenâkhte mishavand. Ghazâ-hâyi mesl-e sosis-e Bratwurst va Pretzel (nân-e namaki) besyâr mahbuband. Jashnvâre-ye Oktoberfest dar Munikh bozorg-tarin jashn-e âbjow dar jahân ast. Jangal-e Siyâh bâ manâzer-e tabi'i va rustâ-hâ-ye choobi-ye zibâ gardeshgarân râ jazb mikonad. Âlmân hamchenin be mâshin-hâ-ye lucks mesl-e Mercedes va BMW ma'ruf ast.

Translation:

Germany lies in the heart of Europe, known for its industry, culture, and rich history. Berlin, its capital, is filled with art galleries and historic landmarks. Neuschwanstein Castle in Bavaria resembles a fairy-tale palace. Germans are recognized for discipline and diligence. Dishes like bratwurst sausages and pretzels are beloved. Oktoberfest in Munich is the world's largest beer festival. The Black Forest attracts tourists with its natural beauty and quaint villages. Germany is also famous for luxury cars like Mercedes and BMW.

Paragraph 89: Spain

Persian

اسپانیا در جنوب غربی اروپا قرار دارد و به فرهنگ پرشور و
معماری بینظیرش معروف است. مادرید پایتخت آن و بارسلون با
کلیسای ساگرادا فامیلیا شناخته میشود. رقص فلامنکو و گاوبازی
از سنتهای معروف اسپانیایی است. غذاهایی مانند پائلا (برنج با
غذاهای دریایی) و تاپاس (پیشغذاهای کوچک) محبوبند.
جشنوارهی سان فرمین در پامپلونا با دویدن گاوها هیجانانگیز
است. جزایر قناری و سواحل کاستا دل سول گردشگران زیادی
جذب میکنند. مردم اسپانیا خونگرم و عاشور جشنهای پرسر و
صدا هستند.

Romanization:

*Espâniyâ dar jonub-e gharbi-ye Orupâ qarâr
dârad va be farhang-e por-shour va me'mâri-ye
bi-nazir-ash ma'ruf ast. Madrid pâyetakht-e ân va
Barcelona bâ kelisâ-ye Sagrada Familia shenâkhte
mishavad. Raghs-e Flamenco va gâv-bâzi az
sonnat-hâ-ye ma'ruf-e Espâniyâyi ast. Ghazâ-hâyi
mesl-e Paella (berenj bâ ghazâ-hâ-ye daryâyi) va
Tapas (pish-ghazâ-hâ-ye kuchek) mahbuband.
Jashnvâre-ye San Fermin dar Pamplona bâ
davidan-e gâv-hâ heyjan-angiz ast. Jazâyer-e
Qanâri va sâhel-hâ-ye Costa del Sol
gardeshgarân-e ziâdi jazb mikonand. Mardom-e
Espâniyâ khun-garm va âshenâ-ye jashn-hâ-ye
por-sor-o-sedâ hastand.*

Translation:

Spain is in southwestern Europe, famous for its vibrant culture and stunning architecture. Madrid is its capital, and Barcelona is known for the Sagrada Familia church. Flamenco dancing and bullfighting are iconic traditions. Dishes like paella (seafood rice) and tapas (small appetizers) are popular. The San Fermín festival in Pamplona features thrilling bull runs. The Canary Islands and Costa del Sol beaches attract many tourists. Spaniards are warm-hearted and love lively festivals.

Paragraph 90: Greece

Persian

یونان در جنوب شرقی اروپا و مهد تمدن غرب است. آتن پایتخت
آن و محل آکروپلیس (معبد باستانی) است. جزایر سانتورینی و
میکونوس با خانههای سفید و دریای آبی خیرهکنندهاند.
اسطورههای یونان باستان مانند زئوس و آفرودیت هنوز معروفند.
غذاهایی مانند موساکا (لایههای سیبزمینی و گوشت) و سالاد
یونانی با پنیر فتای خوشمزه هستند. مردم یونان مهماننواز و
عاشور موسیقی و رقص سنتیاند. المپیک باستان در یونان آغاز شد
و هنوز مشعل آن از این کشور روشن میشود.

Romanization:

*Yunân dar jonub-e sharqi-ye Orupâ va mahd-e
tamaddon-e gharb ast. Athen pâyetakht-e ân va
mahall-e Acropolis (ma'bad-e bâstâni) ast.
Jazâyer-e Santorini va Mykonos bâ khâne-hâ-ye
sefid va daryâ-ye âbi-ye khire-konande-and.
Osture-hâ-ye Yunân-e bâstân mesl-e Zeus va
Aphrodite hanuz ma'rufand. Ghazâ-hâyi mesl-e
Moussaka (lâye-hâ-ye sib-zamini va gusht) va
sâlâd-e Yunâni bâ panir-e Feta khoshmaze hastand.
Mardom-e Yunân mehmânnavâz va âshenâ-ye
musiqi va raghs-e sonnati-and. Olympik-e bâstân
dar Yunân âghâz shod va hanuz mash'al-e ân az in
keshvar rowshan mishavad.*

Translation:

*Greece is in southeastern Europe and the cradle of
Western civilization. Athens, its capital, is home to*

the Acropolis. Islands like Santorini and Mykonos dazzle with white houses and blue seas. Ancient Greek myths like Zeus and Aphrodite remain famous. Dishes like moussaka (potato and meat layers) and Greek salad with feta cheese are delicious. Greeks are hospitable and love traditional music and dance. The ancient Olympics began here, and its torch is still lit in Greece.

Paragraph 91: Thailand

Persian

تایلند در جنوب شرقی آسیا به عنوان "سرزمین لبخندها" شناخته
میشود. بانکوک پایتخت آن و شهری پر از معبدهای طلایی و
بازارهای شلوغ است. سواحل فوکت و پوکت با شنهای سفید و
آبهای فیروزه‌های معروفند. غذاهای تایلندی مانند پاد تای (نودل تند)
و توم یام (سوپ ترش و تند) در جهان محبوبند. فیلها نماد فرهنگی
تایلند هستند و در جشنها شرکت میکنند. جشنوارهی آب
(سونگکران) در آوریل با پاشیدن آب برگزار میشود. مردم تایلند
به مهربانی و مهماننوازی معروفاند.

Romanization:

*Tâylând dar jonub-e sharqi-ye Âsiyâ be onvân-e
"Sarzamin-e Labkhand-hâ" shenâkhte mishavad.
Bangkok pâyetakht-e ân va shahri por az
ma'bad-hâ-ye talâyi va bâzâr-hâ-ye sholugh ast.
Sâhel-hâ-ye Phuket va Krabi bâ shen-hâ-ye sefid va
âb-hâ-ye firuze-i ma'rufand. Ghazâ-hâ-ye Tâylândi
mesl-e Pad Thai (noodle-e tond) va Tom Yam (sup-e
tors-o-tond) dar jahân mahbuband. Fil-hâ nemâd-e
farhangi-ye Tâylând hastand va dar jashn-hâ
sherkat mikonand. Jashnvâre-ye Âb (Songkran) dar
Âpril bâ pâshidan-e âb bargozâr mishavad.
Mardom-e Tâylând be mehrabâni va mehmânnavâzi
ma'rufand.*

Translation:

*Thailand in Southeast Asia is called the "Land of
Smiles." Bangkok, its capital, is filled with golden*

temples and bustling markets. Phuket and Krabi beaches are famous for white sands and turquoise waters. Thai dishes like pad Thai (spicy noodles) and tom yum (sour-spicy soup) are globally loved. Elephants are cultural symbols and participate in festivals. The Songkran Water Festival in April involves joyful water fights. Thais are known for kindness and hospitality.

Paragraph 92: Argentina

Persian

آرژانتین در آمریکای جنوبی به گوشتهای کبابی و رقص تانگو
معروف است. بوئنوس آیرس پایتخت آن و شهری پر از موسیقی و
معماری اروپایی است. منطقهی پاتاگونیا با کوهستانها و یخچالهای
طبیعی خیرهکننده است. فوتبال در خون آرژانتینیهاست و
بازیکنانی مانند مسی و مارادونا از این کشور برخاستهاند.
غذاهایی مانند استیک آرژانتینی و امپانادا (پیراشکی گوشت)
محبوبند. مردم آرژانتین پرجنبوجوش و عاشور شبزندهداری
هستند.

Romanization:

*Arzhântin dar Amrikâ-ye jonubi be gusht-hâ-ye
kabâbi va raghs-e Tango ma'ruf ast. Buenos Aires
pâyetakht-e ân va shahri por az musiqi va
me'mâri-ye Orupâyi ast. Mantaqe-ye Patagonia bâ
kuhsathâ va yakhchâl-hâ-ye tabi'i-ye khire-konande
ast. Futbâl dar khun-e Arzhântini-hâst va
bâzikonâni mesl-e Messi va Maradona az in
keshvar barkhâste-and. Ghazâ-hâyi mesl-e Steak-e
Arzhântini va Empanada (pirâshki-ye gusht)
mahbuband. Mardom-e Arzhântin por-jonb-o-josh
va âshenâ-ye shab-zende-dâri hastand.*

Translation:

*Argentina in South America is famous for grilled
meats and tango dancing. Buenos Aires, its capital,
brims with music and European architecture.
Patagonia's mountains and glaciers are*

*breathtaking. Football is in Argentinians' blood,
with legends like Messi and Maradona. Dishes like
Argentine steak and empanadas (meat pastries) are
popular. Argentinians are lively and love nightlife.*

Writer name – Mohammed Arquam

Email – mohammedarquam32@gmail.com

www.ingramcontent.com/pod-product-compliance
Lightning Source LLC
Chambersburg PA
CBHW071514140726
47997CB00005B/1967